나를 지치게 하는 것들과 작별하는
심플 라이프

나를 지치게 하는 것들과 작별하는

심플 라이프

Simple
Life

제시카 로즈 윌리엄스 지음 윤효원 옮김

ꡬꡬꡬ 밀리언서재
Million Publisher

이 책을 읽고

당신이 색다른 사고방식을 가질 수 있고,

살아가는 방식과 삶을 느끼는 방식을 다시 생각해보기 바란다.

이 여정 어디쯤에선가

흠이 있지만 내 모습 그대로도 괜찮다는 확신을 얻기 바란다.

누구나 그렇듯이 나의 이야기와 글을 각자의 현실에 맞춰 해석할 것이다.

마음을 움직이는 내용만 받아들이고 그렇지 않은 부분은 무시해도 된다.

무엇보다 당신은

지금 모습 그대로 충분하다는 사실을 항상 기억해야 한다.

프롤로그 나는 삶의 잡동사니를 치우기로 했다 • 14

Simple House

01 | 가장 먼저 작별해야 할 것들

일상이 버벅거릴 때는 휴지통을 비워라 • 32

25세, 다시 시작하기 딱 좋은 나이 • 36

쓸모 있는 것들만 남기기 • 40

나를 기쁘게 하는 것들 • 46

[NOTES] 나는 어떤 사람으로 기억되고 싶은가? • 52

02 | 추억 정리

내 자존감을 세워줬던 물건 버리기 • 56

감성적인 물건은 맨 마지막에 버려라 • 58

술 취한 밤 꺼내 보는 오래된 앨범 • 63

[NOTES] 버렸을 때의 두려움에 맞서기 • 67

03 | 오늘의 심플한 아웃핏

심플 라이프는 옷장부터 시작된다 • 72

규칙은 내가 정할 것 • 77

나만의 미니멀 드레스룸 • 82

1년 뒤에도 입을 것들만 남기기 • 87

[NOTES] 편해 보이면서도 스타일리시한 셋업 • 91

04 | 에어비앤비 같은 공간

삶을 바꾸고 싶다면 집부터 바꿔라 • 96

즐거운 나의 심플 하우스 • 101

딱 있어야 할 것들만 놓아두기 • 111

호텔처럼 쉬기 좋은 집 • 115

인생의 절반은 집에서 이루어진다 • 122

[NOTES] 나에게 좋으면 좋은 것 • 128

05 | 잡동사니 정리

물건을 버린다는 죄책감을 버려라 • 132

잡동사니를 처리하는 방법 • 135

쓰레기를 줄이는 확실한 방법 • 137

06 | 친구 정리

더할 나위 없이 심플한 관계 • 144

관계에도 무소유가 필요하다 • 148

보드카 레모네이드와 작별하기 • 153

나에게 충분한 돈은 얼마일까? • 160

습관적인 팔로를 줄인다 • 166

'노(No)'라고 말하면 불필요한 관계가 정리된다 • 170

[NOTES] 잡동사니를 정리하자 꿈을 이룰 시간이 생겼다　175

어수선함이 사라지자 두려움도 사라졌다 • 177

[NOTES] 인생이라는 택시의 운전자 • 184

07 | 그래도 작별하기 아쉬운 것들

내가 행복한, 딱 그만큼만 버리기 • 188

적을수록 좋은 것과 넘칠수록 좋은 것 • 193

단순하지만 특별하게 • 197

[NOTES] 내가 원하는 심플 라이프 찾기 • 201

Simple Mind

08 | 오늘 하루를 정리하기

내 마음에 좋은 것들만 먹이기 • 204

남들과 다른 것에 익숙해지기 • 212

단순한 삶을 위한 규칙 세우기 • 218

[NOTES] 내가 사랑하는 것들과 친해지기 • 222

09 | 생각 정리

감정의 쓰레기통을 비워라 • 226

생각의 패턴을 정리하라 • 232

1년을 하나의 단어로 정리하라 • 239

내 마음속 슬픔들을 다독여라 • 244

[NOTES] 내 몸의 봄날 찾기 • 254

10 | 감정 정리

사랑의 조건을 정리하라 • 258

나를 사랑하는 것이 가장 단순한 일이다 • 264

다 버리고도 충분하다 • 270

내 마음에 산소 공급하기 • 275

[NOTES] 나에게 손 편지 쓰기 • 282

감사의 글 • 284

나는 삶의 잡동사니를
치우기로 했다

내가 원하는 삶을 살고 있는지도 모른 채 애쓰고 있다는 생각을 해본 적이 있는가? 정말 살아보고 싶은 삶이 아니라 그저 하루를 살아내는 것이다. 돈을 모아서 나를 위해 특별한 선물을 했는데 알고 보니 내가 원하던 것이 아니라는 사실을 깨달은 적이 있는가?

생각했던 것만큼 행복하지도 않았을 뿐 아니라 그 기분이 오래 가지도 않았을 것이다. 너무도 인정받고 싶어서 주위에 있는 모든 사람들의 기분을 맞추다 보니 나에게 정말 필요한 것, 원하는 것, 갈망하는 것, 심지어 나의 정체성까지 포기하지 않았는가?

나도 그랬다. 그래서 모든 것을 바꾸기로 결심했다.

모든 사람은 언젠가 죽는다는 깨달음

암이 나이 많은 사람들이나 전혀 모르는 남의 얘기가 아니라 내 얘기가 될 수 있다는 두려움을 처음 느꼈던 날을 기억한다. 스물한 살 때였다. 시간 가는 줄 모를 정도로 즐거운 대학 생활을 하고 있었다. 약혼자 제이슨과 나는 우리의 첫 아파트에서 함께 살았다.

우리는 함께 돈을 모아 보증금을 마련하고 녹음이 무성한 셰필드 지역의 아파트 1층에 방 2개짜리 안식처를 얻었다. 거실과 주방이 하나의 공간으로 식탁에서 책을 읽고 에세이를 쓰다가 바로 소파로 건너가 텔레비전을 보기에 딱이었다.

어느 날 오전에 토크쇼 〈디스 모닝(This Morning)〉을 보는데 진행자가 내 나이 또래 젊은 여성이 암에 걸릴 위험에 관해 이야기했다. 난생처음 들어보는 자궁경부암을 표적 검사하는 스미어테스트(smear test)가 웨일스와 스코틀랜드에서는 21세부터 적용되지만, 잉글랜드는 25세부터 적용된다는 내용이었다.

의학계는 여성이 21세부터 이 병에 걸릴 위험이 있는데도 조기에 검사를 하지 못해 자궁경부암이 꽤 진행되어서야 진단받는다고 주장했다. 건강 염려증이 있었던 나는 중환자실 간호사인 엄마 찬스를 사용하여 자궁경부암 검사를 받기로 했다.

며칠 뒤 진료를 받으러 갔을 때 의사는 출혈 같은 증상이 있느냐고 물었다. 소변을 볼 때 통증이 느껴지거나 빈뇨 증상이 있느냐는 물음에 나는 계속 '아니오'라고 대답했다. 의사는 증상이 나타나지 않는 한 4년 후 25세가 되면 검사를 받아보라고 했다.

조금 찜찜했지만 금세 자궁경부암은 잊었다. 졸업 후 나는 제이슨과 결혼했다. 스물다섯 살이 되자 자궁경부암 검사를 받으라는 안내지가 왔다. 하지만 나는 4년 전에 그토록 걱정했던 것과 달리 나중에 시간되면 연락해야겠다고 생각했다.

대학을 졸업하자 마치 출발 총성이 울린 것처럼 '성공'이라는 결승선을 향해 전력질주를 했다. 당시 내가 생각하던 성공은 화려한 자기소개에 걸맞은 고소득 직업, 방 4개 딸린 단독주택, 일등석 타고 여행하기, 잡지에 나올 법한 비싼 옷이 차고 넘치는 옷장을 의미했다. 인생이 마치 게임인 것처럼 스스로 체크리스트를 하나씩 채워가며 '내가 해냈다'고 생각했다.

나도 모르는 사이에 절대 이룰 수도 없고 충분히 가질 수도 없는 인생이라는 다람쥐 쳇바퀴에 올라탔다. 이제 겨우 시작이었는데 이미 지쳐 있었고, 정체성도 완전히 잃어버렸다. 내가 되고자 하는 이상적인 그림을 또렷하게 그리고 있었지만, 사실 그것은 세상 누구도 도달할 수 없는 완벽한 모습이었다.

가장 슬픈 점은 더 예뻐지고 날씬해지고 부유해지고 인기가 많아지면 행복해질 수 있다고 믿었다는 것이다. 이토록 확고한 믿음으로 끊임없이 나를 파괴했고, 더 잘해야 하고 더 많이 사야 하고 더 날씬해야 하고 더 승진해야 한다고 나를 몰아붙였다.

나는 정말 다니고 싶지 않았던 직장에서 월요일부터 금요일까지, 오전 8시부터 오후 4시까지 일했다. 인사과 대리였던 내 일과는 온통 이메일로 가득했다. 의사를 고용하는 업무였는데, 너무 지루하고 하찮고 의미 없는 일이라고 느꼈다.

불경기에 졸업하고 보니 삶이 너무 벅찼다. 온 세상이 내게 등을 돌린 것 같았고, 성공하기란 불가능해 보였고, 하고 있는 일에 비해 내 재능이 너무 아깝다고 생각했다. 엄마가 간호사로 일했던 국가보건서비스에서 일하는 것이 익숙하고 편하기는 했지만, 마음속으로는 나 자신이 부끄러웠다.

가족들을 실망시킨 기분이었다. 돈을 투자해서 대학까지 졸업했는데 학위 따위 필요 없는 일을 하고 있었으니 말이다. 가족 중에 대학을 나온 건 내가 처음이었다. 그렇다고 행복하지도 않았다.

공무원은 나하고 전혀 맞지 않았다. 온갖 법규의 제약을 받았고, 상사들은 엄격하고 무자비하고 인정머리 없었다. 자궁경부암 검사를 예약하지 않은 것이 상사들 때문이라고 할 수는 없지만, 검사받으려면 대체 근무를 해야 했다. 재미있는 일이라면 모를까 병원 검사 때문에 대체 근무를 하고 싶지 않았다.

바쁜 나날이 계속됐다. 모든 일들이 병원 검사보다 우선순위였다. 그러다 처음 안내지를 받고 5개월이 지나서야 검사를 받았고, 이상 세포가 발견되어서 추가 검사가 필요하다는 연락을 받았다. 2주간 추가 검사가 진행되었고, 엄마와 함께 결과를 들으러 병원에 갔다.

우리의 예상이 틀리기를 간절히 바라면서 말이다.

그런데 의사의 입에서 나온 말은, 암이 있었는데 지금은 없어졌고 더 이상 걱정하지 않아도 된다는 것이었다. 의사는 자궁이 그려진 해부도에서 작은 원을 가리키며 거기에 1기 자궁경부암이 있었는데 지금은 없어졌다고 했다. 무슨 말인지 도무지 알 수 없었다.

가족과 친구들에게 끔찍한 소식을 전하며 모두 울음을 터뜨리고 위로의 말을 건네고, 치료가 시작되고, 머리가 빠지고, 결국 운이 좋으면 살아남는 것이 내가 상상하던 암 환자의 모습이었다. 어쨌든 없어졌다니 다행이었다. 얼떨떨한 상태에서 또다시 바쁜 일상으로 돌아갔고, 몇몇 지인들에게는 "자궁경부암에 걸렸었는데 지금은 다 나았어"라고 말했다.

반쪽짜리 암 환자가 된 기분이었다. 암이 스쳐 지나가긴 했지만, 암을 극복했다고 할 수는 없었다. 다른 암 환자들은 끔찍한 경험을 하는데, 나는 그냥 나아버렸다.

나는 의사에게 스물한 살에 검사받았다면 상황이 달라졌겠냐고 물었다. 의사는 그렇지 않았을 거라고 말했다. 하지만 텔레비전에서 자궁경부암 검사에 대해 본 것은 운명이었다는 생각이 들었다. 그 방송을 보지 않았다면 얼마나 오래 미루었을지 모른다.

나도 언젠가는 죽는다는 생각을 떨쳐버릴 수 없었다. 머릿속이 온통 죽음에 관한 생각으로 가득했다. 물론 인간인 이상 죽음을 피할 수는 없지만, 늘 '지금 걱정할 일은 아니야'라고 생각했다. 이제는 새로운 깨달음을 얻었다. 암을 스치듯 경험하고 나서 이렇게 적힌 표지판에 불이 들어왔다.

'삶은 유한하고, 너는 그 사실을 바꿀 수 없다'

나는 죽으면 어떻게 될지 두려웠다. 사후세계나 밝은 빛이 있을까? 환생하는 걸까 아니면 그걸로 끝일까? 차갑고 어둡고 공허한 상태가 영원히 지속되는 걸까? 죽음은 어떤 냄새와 맛과 소리가 날까? 무엇보다 마지막이 언제 올지, 주어진 시간 안에 내가 원하는 모든 것을 어떻게 이룰까?

일곱 살 무렵 집 뒤편 계단에 앉아 별을 쳐다보며 하늘로 가고 싶지 않다며 울었다. 영원히 이 땅에 살고 싶었다. 일곱 살 어린아이의 인생은 엄마 손에 달려 있었다. 아빠는 함께 살지 않았고, 언니는 할아버지 할머니와 살고 있었다. 가족은 엄마와 나 단 둘뿐이었다.

스물다섯 살에는 내가 나를 책임져야 했다. 하루를 어떻게 보낼지, 몇 시에 잠자리에 들지, 무엇을 먹을지, 어떤 친구를 만날지, 어떤 직업을 가질지 내가 결정해야 했다.

어른이 되기를 간절히 바랐지만 정작 준비되어 있지 않았다. 가장 큰 문제는 내가 나를 별로 좋아하지 않는다는 사실이었다. 나 자신을 좋아해본 적이 없다. 나 자신에게 자부심을 느끼지 못했다. 나에 대한 믿음이 거의 없었고, 다른 사람이 되고 싶었으며, 상상속 인물까지 만드는 지경에 이르렀다.

마치 삶의 갈라진 틈 위에 회반죽을 덧칠하려는 것처럼 말이다. 겉으로는 인기 있고 금발 머리에 열정 넘치지만 실상은 전혀 훌륭하지 않았다. 이때만 해도 그 갈라진 틈 사이로 빛이 들어온다는 사실을 알지 못했다. 완벽한 사람이 되는 것이 유일한 목표이자 진짜 내 모습을 들키지 않는 길이었다.

나 자신이 만족스럽지 않다고 느껴질 때마다 쇼핑했다. 기분이 안 좋을수록 더 많은 물건을 샀다. 틀에 박힌 성공의 기준을 충족하기 위해 물건을 사댔다. 나에게 성공이란 명품, 예쁜 얼굴, 날씬한 몸, 비싼 차, 뛰어난 학업 성적, 궁극적으로는 부유한 동네의 방 4개짜리 단독주택이었다. 내가 정말 이러한 것들을 원하는지, 이러한 것들을 통해 진정 행복해질 수 있는지 단 한 번도 생각해본 적이 없다. 그저 사람들에게 인정받으면 행복할 거라고 믿었다.

하지만 기분이 좋아지는 것은 딱 하루뿐이었다. 여느 중독과 마찬가지로 금세 효과가 떨어졌다. 특별히 무언가를 사고 싶지는 않았지만, 한 가지 좋아하는 것이 있었다면 옷이었다. 내가 상상하는 모습으로 차려입고, 더 업그레이드된 모습을 보여주고 싶었다.

하지만 끝이 없었다. 더 많이 가질수록 기분이 더 좋아진다고 생각했다. 중독과 다름없었다. 혼자 있으면서 불편한 감정과 생각이 들 때 반복하는 행동 패턴이 중독이다. 순간적인 만족감을 얻기 위해 우리는 장기적으로 해로운 일을 계속하게 된다.

많은 가족들이 그렇듯이 우리 가족도 자존감을 키워주고 내가 좋아하는 일을 하라고 격려하기보다 조건부로 칭찬하고 관심을 쏟을 뿐 아니라 비판도 종종 했다. 할아버지는 내가 성적이 좋을 때만 칭찬해줬고, 엄마는 내 성적을 자랑하기에 바빴다. 나는 최고가 되어야 한다는 부담감을 느꼈다. 공부, 스포츠, 재정적 안정, 미모 그리고 인기 등을 중요하게 여겼다. 칭찬과 관심을 사랑이라 생각했고, 아무리 스트레스를 받아도 더 많은 성과를 내기 위해 노력했다. 새로 산 청바지가 비쌀수록 더 많이 칭찬받았고, 그래서 더 많은 청바지를 원했다. 다른 사람들에게 인정받는 것만이 가치 있다는 믿음이 확고하게 자리 잡았다.

쇼핑하러 가면 내 목표는 가능한 돈을 많이 쓰는 거였다. 한번은 크리스티나 아길레라 스타일의 청바지를 네 벌 이상 사겠다고 고집을 부렸다. 나도 그녀처럼 행복해지고 싶었기 때문이다. 한 부모 가정에서 경제적으로 넉넉하지는 않았다. 가난하다는 사실을 부끄러워했고, 엄마처럼 가난을 숨겼다.

청바지, 신발, 가방이 아무리 많아도 만족하지 못했다. 하지만 그 사실을 의식하지 못했다. 나의 불안감을 떨치는 데 효과가 있다고 믿었다.

쇼핑은 제쳐두고라도 나는 틀에 박힌 성공을 위해 살아갔다. 성취하고 소유하고 주목받고 사람들을 즐겁게 해줌으로써 사랑받는다고 느꼈다. 내가 무얼 원하는지, 이 모든 것이 나를 위한 일인지,

내가 정말 행복한지 생각해본 적이 없다. 내겐 결정권이 없다고 생각했고, 내 안에 해답이 있다고 생각해본 적도 없다. 다른 사람들이 옳다고 생각하는 대로, 잠시 기분이 좋으면 그걸로 만족하며 살아갔다.

내가 가는 길은 단순한 직선도로라고 생각했다. 나는 모든 규칙을 알고 있었고 남보다 빨리 달려가고 싶었다. 모든 것이 즉시 이루어지기를 원했다. 그때까지만 해도 내가 진짜 어떤 사람인지조차 모르고 있었다.

몸속에 암이 자라고 있는 줄도 모를 만큼 너무 바쁘고 자신을 돌보지 않았다. 하지만 진정으로 내가 원하는 삶은 이니었다. 최악의 상황이 벌어졌더라면 내 짧은 인생은 끝없는 후회로 가득했을 것이다. 그제야 마음속 깊이 내가 얼마나 불행한지, 사실은 얼마나 절실하게 관심받고 싶어 하는지 알게 되었다. 물건을 사대고, 완벽해지려 했지만, 절망스러울 정도로 불행했다. 내가 죽을 수도 있음을 느끼고 나서야 이 사실을 깨달았다.

갈림길에서 남들이 가지 않은 길을 선택했다

이후로 내가 누리는 모든 것들을 감사하게 받아들였고 긍정적으로 바라보았다. 시간이 너무 소중해졌고, 새로운 눈으로 삶을 바라보자 모든 것이 달라졌다.

인생이 갈림길과 선택, 그리고 거래의 연속이라는 사실을 깨달은 적이 있는가? 우리는 일분일초를 어떻게 사용할지 선택해야 하고, 스스로 선택하지 못하면 틀림없이 다른 사람이 우리 대신 선택하게 된다. 세상은 끊임없이 우리가 어떤 사람이 되어야 하는지, 무엇을 사야 하고 어떤 질문을 해서는 안 되는지 알려준다. 그 속에서 길을 잃으면 결국 자기 삶에 만족하지 못한다.

세상은 진짜 우리 모습을 발견하고 받아들이기보다 허구의 모습을 만들어내라고 종용한다. 그렇게 살아가는 것이 더 안전하게 느껴질 것이다. 자기 모습 그대로 충분하다고 받아들이지 못하는 분위기 때문이다.

머리색, 집, 옷에 이르기까지 자신이 좋아하는 것보다 외부에서 인정받을 수 있는 것들을 얻기 위해 노력하는 비디오게임 같다. 게임에서 높은 점수를 얻는다 해도 자기의 행복에서 영원히 한 걸음 떨어져 있는 셈이다. 이러한 삶의 방식으로 혜택을 보는 자들은 우리가 인정받을 수 있는 아이템을 끊임없이 제공하는 뷰티, 잡지, 브랜드, 그리고 소셜미디어 기업들이다.

우리는 거부하기 힘든 환상의 세계를 만들어서 자신에게 너무 많은 것을 기대한다. 고가의 명품 핸드백을 살 돈이 없고, 포토샵으로 손을 본 모델의 얼굴처럼 완벽한 대칭을 이루고 있지 않다. 그렇기에 잡지를 볼 때마다 굉장히 불만족스러울 수밖에 없다.

그리고 '당신은 지금 모습 그대로 충분하지 않지만, 이것을 사면 완전해지는 느낌을 받게 된다'는 목소리에 귀 기울이게 된다. 우리는 그만큼 나약한 존재이다.

우리는 기본적으로 어딘가에 소속되고 싶은 본능적인 욕구를 가지고 있다. 그 속에서 안전하게 살아갈 수 있기 때문이다. 오늘날은 혼자 살아가기가 그 어느 때보다 쉬운데도 우리는 여전히 어딘가에 소속되고 싶어 한다. 마케팅 전문가들은 우리의 이런 취약한 부분을 끊임없이 파고들어야 매출을 올릴 수 있다는 것을 안다. 우리는 어딘가에 소속되었다는 느낌을 받고 싶어서 핸드백을 산다. 또한 사랑받기 위해 성형한다.

다행히 우리는 이러한 삶의 방식을 얼마든지 바꿀 수 있다.

자신이 누구인지, 무엇을 좋아하는지, 삶에서 무엇을 얻고자 하는지를 알기란 몹시 어려운 일이다.

길을 잃은 듯한 기분이 들 때, 영혼 깊은 곳에서 자신이 좋아하는 것이 무엇인지 발견할 수 있다. 그제야 내 마음의 소리를 듣고 비로소 삶을 채울 수 있다.

나는 운이 좋았다. 내 인생은 이제 시작이었고, 아직 갈 길이 많이 남아 있었다. 삶이 얼마나 소중하며 부서지기 쉽고 유한한지 알게 되었다.

이제 후회하지 않는 삶을 살기로 다짐했다. 다른 사람들에게 인정받기 위한 삶의 방식을 멈추기로 했다. 그것이 옳았다면 나는 이미 행복해야 하고 마음이 평온했어야 한다.

나는 희망차고 자유로운 기분으로 새로운 삶을 간절히 원했다. 후회하지 않는 삶은 어떤 모습이고 어떤 느낌인지 알고 싶었다. 할아버지가 내게 늘 말씀하셨던 대로 심호흡을 하고 남들이 가지 않은 길을 걸을 준비가 되었다.

모든 위대한 이야기는 매력적인 사건에서 시작한다. 그 사건으로 인해 주인공은 갈림길 앞에서 사명에 응답할지 진정한 자신의 삶을 찾아갈지 선택해야 한다. 기존의 길을 선택할 경우 성장, 성취 또는 모험을 경험할 수 없다. 암 진단을 받고 죽음에 대한 두려움을 느낀 일은 삶을 재평가하고 긍정적인 변화를 만드는 사건이었다.

작가 노라 에프론은 웨슬리대학교 졸업식 연설에서 졸업생들에게 "삶의 피해자가 아니라 주인공이 돼라"고 말했다. 우리는 모두 남들이 가지 않은 길을 선택하는 계기가 되는 사건을 경험하게 된다. 당신에게는 어떤 사건인지 생각해보라.

자기 삶에 진정으로 만족하는 것이 어떤 의미인지를 생각하는 것이 바로 '단순함'이다. 나는 '단순함'이 어떤 의미인지 설명하려 한다. 우선 'Simple House(단순한 공간)'에서 잡동사니, 혼돈, 물질주의를 살펴본다. 다음 'Simple Story(단순한 관계)'에서는 시간과 친구 관계, 디지털 라이프를 생각해본다. 마지막으로 'Simple Mind(단순한 마음)'에서는 감정적, 영적, 개인적 영역으로 더 깊이 들어가 볼 것이다.

모자라지도, 넘치지도 않고 '충분한'

자신의 직감에 생각과 마음을 열면, 삶의 모든 사소한 부분까지 변화시킬 힘이 생긴다. 옷장을 비운 후 나의 스타일에 맞게 옷장을 간소화할 수 있다. 앞으로는 계획적인 쇼핑을 할 수도 있다. 당신은 자신이 가치 있게 생각하는 대로 살지 않았다는 것을 깨닫고, 삶을 바꿀 수 있다.

낯선 것을 두려워하지 말자. 낯선 것을 통해 자신이 변화하고 자신만의 속도로 성장할 수 있다. 아울러 자신이 누구인지 진정으로 받아들이면 낯선 것을 두려워하지 않게 된다. 그렇게 해서 계속 호기심을 갖고 마음을 열고 성찰하며 변화의 여정을 이어갈 수 있다.

우리는 변화를 두려워하기도 하고 변화에 설레기도 한다. 모든 변화가 그렇듯이 저항에 맞닥뜨리겠지만 자신이 무엇을 더 원하는지에 달려 있다. 익숙한 삶을 원하는지 아니면 지금까지와 다르고 낯설지만 놀라움과 가능성을 지닌 삶을 원하는지.

무엇보다 자신에게 진실해야 한다. 마음가짐, 삶을 대하는 태도, 심지어 사소한 습관이라도 바꾸려면 시간이 필요하다. 준비되기 전에 꽃을 피우라고 자신을 몰아붙이지 않고 자신만의 속도에 맞춰 인내심을 가져야 한다. 늦게 꽃을 피우는 나무가 가장 좋은 열매를 맺는다. 사람은 저마다 속도가 다르다. 몇 분 만에 생기는 변화도 있고 몇 년에 걸쳐 천천히 변화될 수도 있다. 자신이 옳다고 생각하는지가 중요하다.

　메모하거나 책 귀퉁이를 접거나 필요한 곳에 밑줄을 그어가며 읽어도 좋다. 마음에 와 닿지 않는 부분은 그냥 넘기고 마음에 드는 부분은 충분히 즐기자. 이 책의 이야기는 곧 당신의 이야기이기도 하다.

　각 장이 끝날 때마다 자기 삶을 되돌아보고 앞으로 어떻게 살아갈지 생각하며 글을 써보자. 자신이 원하는 대로, 옳다고 느끼는 대로 써나간다. 필요한 만큼 시간을 갖고 옳고 그름을 따지겠다는 생각의 덫에 절대 빠지지 말자. 그 순간에 옳다고 느껴지는 대답이 항상 옳다.

나의 하루를
원그래프로 그려보자

    우리가 어디에 있는지 알지 못하면 어디로 가는지도 알 수 없다. 변화의 시작이자 핵심은 자신을 아는 것에서 시작된다. 부담을 가질 필요는 없다.

    우선 원을 그리고, 그것이 하루의 삶이라고 상상해보자. 어떻게 원을 나눌까? 일, 가족, 쇼핑, 친구 만나기 등 주기적으로 하는 일에 얼마나 시간을 보내는지 나눠보자.

또 다른 원을 그리고 하루의 시간을 어떻게 나누고 싶은지 생각해보자. 두 원을 비교해보면 어떤 느낌이 드는가? 우리는 시간을 어떻게 사용하는지 모르기에 시간이 없는 것처럼 느낀다. 시간이 없는 것이 아니라 시간을 쓸 줄 모른다.

이상적인 원그래프에 가까워지려면 어떻게 해야 할까? 두 원의 차이가 무엇 때문인지 생각해보고, '어쩔 수 없다(다른 선택의 여지가 없다)'는 자신의 대답에 이의를 제기해보자.

곧바로 어떤 변화를 꾀할 필요는 없지만 자신이 하루의 시간을 어떻게 쓰고 있는지 깨닫는 것이 첫걸음이다. 이 과정에서 생각보다 많은 선택권이 있다는 사실을 알게 되고 긍정적인 변화를 이룰 수 있다.

Simple House

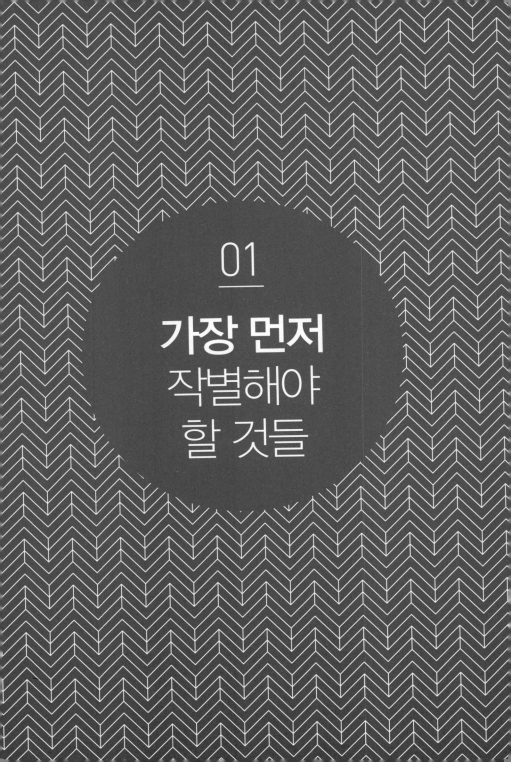

01

가장 먼저
작별해야
할 것들

일상이 버벅거릴 때는 휴지통을 비워라

우리의 마음은 매우 강력한 컴퓨터와 같아서 특정 방식으로 생각하도록 프로그램되어 있는 것처럼 느낄 때가 있다. 시간이 지나면서 깊이 뿌리내린 생각과 믿음에 따라 행동하게 된다. 억대 연봉을 받아야 성공한 것이고 행복이 보장된다는 믿음. 나도 이것이 절대적인 진리라고 믿었다.

이제 내 안의 시스템이 무너졌고 리셋할 때가 되었다. 전원을 껐다 켜는 것만으로는 부족했다. 새로운 소프트웨어가 필요했다. 나는 새로운 아이디어와 사고방식에 마음을 열었고, 세상을 완전히 다른 방식으로 바라보았다. 현재 상황을 단순히 받아들이기보다 의문을 품었다.

변화를 의심하고 꺼리는 것은 당연하다. 변화의 결과를 알 수 없기 때문에 불안한 것이다. 그래서 내가 진정으로 원하는 다른 꿈을 꾸지 않고, 그저 프로그램된 대로 살아가는 것이 더 편안하다. 하지만 내가 바라는 것에 마음을 열고 행동에 옮기기만 해도 인생을 바꿀 수 있다.

인생에서 변화가 필요한 순간이 있다. 때로는 더 많은 것을 얻으려고 끊임없이 자신을 몰아붙이느라 나 자신을 잊어버린다. 우리는 자신을 혹사해 더 이상 그 무게를 감당하지 못하고 번아웃을 부추기는 세상에 살고 있다. 심각한 불안, 우울, 자살률은 우리를 둘러싸고 있는 가치 기준이 잘못되었음을 보여준다.

무엇이든 무너져야 다시 세울 수 있다. 무너지는 것은 부끄러워할 일도, 나약한 일도 아니다. 무너지는 것이란 우리가 더 나은 것을 위해 성장할 준비가 되었다고 스스로에게 알리는 것이다. 우리에게는 무너질 권리가 있다.

나는 사회적 기준을 충족하는 것이 아니라 자신에게 집중하여 나뿐 아니라 주위 사람들에게도 유익한 성장을 하라고 응원하고 싶다. 우리는 자신이 어떤 감정을 느끼는지, 어떤 생각을 하는지에 주의를 기울이고, 다른 사람의 말을 듣고 공감하고 지지하듯 자신을 돌봐야 한다.

나는 있고 싶은 곳에 있을 권리가 있다

나의 사회생활은 엉망이었다. 기업 인사 분야에서 더 높은 자리에 오르기 위해 이직했지만 성공하지 못했다. 새로운 직장에 들어가면 처음 몇 달은 색다른 분위기에 적응하려고 애썼지만, 결국은 이전보다 더 출근하기 싫어졌다. 직장 생활이 적성에 맞는 사람들도 있겠지만 나는 사무직이 싫었다. 연이은 신호등을 지나 끔찍이도 싫은 회사로 출근하고 싶지 않았다.

내게 출퇴근 시간은 버린 시간이자 다시는 되찾지 못할 시간이었다. 신호등 앞에서 기다리며 허비하는 시간이 평생 얼마나 되는지 검색까지 해봤다. 1년에 평균 이틀이나 된다. 아침마다, 그리고 온종일 의미 없이 떨어대는 수다도 싫었다. 몇 시에 출근해야 하고 언제 퇴근할 수 있고 언제 밥을 먹을 수 있는지 이래라저래라 하는 게 싫었다. 무엇보다 사무실에서 일주일에 37.5시간이나 헛되게 보내는 것이 못마땅했다.

단 한 번도 내가 변화를 일으키고 있다거나 사람들을 돕는다거나 가치 있는 일을 하고 있다고 느낀 적이 없다. 내가 일하는 목적이 뭔지도 몰랐다. 매일 불만을 가득 품은 채 퇴근해서 집으로 돌아왔다. 일주일 내내 주말만 기다리며 연차 쓸 날을 달력에 표시하고 날짜를 지워나갔다. 연차는 나를 위한 날이었고, 내가 사는 이유이자 하이라이트였다.

나만 그렇게 느낀 것이 아니었다. 동료들도 대부분 불만족스러워했지만, 나처럼 끊임없이 고통스러워하는 것 같지 않았다. 다른 사람들은 퇴직하는 날까지 이렇게 살아가는 것을 당연하게 받아들이는 듯했다. 적어도 공과금을 내면서 생계를 유지할 수는 있으니까. 하지만 나는 앞으로 40년간 이렇게 살아야 한다는 생각에 부르르 떨었다.

내 상사였던 크레이그는 나와 다른 부류였다. 그는 정규직이 되기 위해 부서장에게 잘 보이려고 애썼다. 그는 내 아이디어가 다른 사람들보다 뛰어나다는 것을 못마땅해했다. 우리가 가장 충돌했던 순간은 내가 석사 과정을 듣기 위해 무급 휴가를 신청했을 때였다. 무급 휴가 신청은 단칼에 거절당했고, 수업이 있는 수요일 오후 시간을 보충하기 위해 추가 근무를 해야 했다.

내가 좋아하는 일이었다면 크게 개의치 않았겠지만, 추가 근무는 너무 피곤했고, 마치 징역이 연장된 기분이었다. 돈이 아니라 탈출구가 필요했는데, 육체적, 정신적으로 녹초가 될 정도로 일했다.

회사는 내가 있을 곳이 아니었다. 한마디로 궁합이 맞지 않았다. 마지막에는 따돌림까지 당했다. 아이들처럼 대놓고 놀려댄 것은 아니었다. 나는 철저히 무시당했다. 나보다 직급이 높은 사람들은 내게 말을 걸지 않았다. 내 이름이 블랙리스트에 올라가 있는 것 같았다. 더구나 크레이그는 이메일로만 업무 지시를 했다. 비참한 기분으로 출근하면서 하루하루 불안이 쌓여갔다.

25세, 다시 시작하기 딱 좋은 나이

가족들에게 내가 어떤 일을 당하고 있는지 얘기했지만 별로 도움이 되지 않았다. 나를 진심으로 이해해주는 것이 아니라 '그냥 견디면 된다'는 태도였다. 문제는 더 이상 정신적으로 버틸 수 없었다는 것이었다. 항상 퇴근 시간만 기다렸고, 하루를 쪼개기 위해 10시, 2시, 3시 정각에 차를 마셨지만, 시간은 점점 더디게 지나갔다. 날이 갈수록 균열이 커졌고, 나는 무너지고 있었다.

그해 부활절 연휴에 발디제르로 스키를 타러 갔다. 회사 문을 나서자마자 강렬한 자유를 느꼈다. 나는 문제가 있을 때마다 도망쳤다. 잠시 잊을 수는 있었지만, 집으로 돌아오면 아무것도 변하지 않은 현실이 기다리고 있었다. 휴가를 마치고 집으로 돌아오는 길에 스트레스를 견디다 못해 한바탕 아프고 나자, 회사에 전화해 출근하지 못하겠다고 말했다. 더 이상 무게를 감당할 수 없었다. 나는 무너져버렸다. 더 이상 회사에 가고 싶지 않았다.

인생의 방향을 바꾸는 깨달음은 언제 어디서든 올 수 있다. 깨달음의 순간에 대한 규칙은 없다. 그저 자신이 느낄 뿐이다. 생사가 오가는 질병일 수도 있고, 친구가 꼭 필요한 때에 꼭 필요한 말을 해주는 것처럼 사소한 일일 수도 있다.

나는 월급은 많지만 불행할 게 뻔한 일자리에 계속 불합격하자 비로소 내가 만족할 만한 일자리를 찾기로 결심했다. 깨달음의 순간은 논리적으로 옳다고 느끼는 것이 아니라 가슴에 울림을 주고 마음 깊은 곳에 확신을 심어준다. 벗어나기로 결심하고 새로운 것을 시도할 수 있는 순간은 늘 있다.

산업안전보건청에 가서 간호사에게 내가 겪었던 일을 말했다. 간호사는 내가 말하는 내내 고개를 끄덕이고는 이렇게 말했다.

"회사에 꼭 가야 하는 건 아니에요. 매일 회사에 갈지 안 갈지는 당신의 선택입니다."

그 말을 듣자마자 눈물이 날 것 같았다. 내게 선택권이 있다고 처음으로 말해준 사람이었다. 마치 마음속에 쌓아둔 모든 감정을 쏟아내고 몇 개월간 침묵 속에서 원하던 것을 얻기 위해 간호사의 허락이 필요했던 것 같았다. 바로 선택과 선택할 수 있는 용기였다.

다음 날 나는 지역 보건의를 찾아가 지금까지 있었던 일과 내가 느꼈던 감정을 말했다. 의사는 스트레스와 불안으로 한 달간 병가를 낼 수 있도록 확인서를 써줬다. 나는 당당하게 통지서를 작성해서 부서장에게 이메일로 보냈다. 병가 확인서를 첨부하고 회사로 돌아가지 않겠다고 말했다.

회사로 돌아가지 않아도 된다

나 자신이 용감하다고 생각했지만, 곧 두려움이 몰려왔다. 딱히 원하는 일이 없었기에 선택지도 적었다. 결국 남 밑에서 일하는 것은 나에게 맞지 않다는 것을 받아들였다. 스물다섯 살에는 받아들이기 두려운 전망이었지만 다행히 대안이 있었다. 당시 남편은 4년간 자영업을 해왔고, 일이 잘되고 있었다. 남편 밑에서 일하고 싶지 않았지만, 남편이 나를 비서나 조수로 고용하는 편이 낫겠다고 생각했다.

사업 초기에 우리 부부가 경제적으로 얼마나 힘들었는지 알고 있었기에, 남편은 내가 벌어오는 고정수입을 좋아했던 것 같다. 남편은 어쩔 수 없이 내 의견을 따르기로 했고 당분간 시도해보기로 했다. 실패하면 다른 직장을 찾아보기로 했지만 난 절대 그럴 생각이 없었다.

병가 기간은 엄밀히 말해 고용된 상태였기 때문에 남편 회사에서 일할 수 없었다. 나는 딱히 할 일이 없었다. 쉬면서 그간의 스트레스를 치유해야 했는데, 마음이 불편했다. 아무 일도 하지 않는 상태를 견딜 수가 없어서 유튜브를 시청하며 하루를 보냈다.

몇 시간씩이나 브이로그를 봤다. 주로 언박싱 영상을 보면서 마음이 끌리는 물건을 아무 생각 없이 주문했다. 어쨌든 이 순간에는 부정적인 감정에 시달리지 않아서 좋았다.

그러던 어느 날 내가 가장 좋아하는 블로거 조엘라가 《정리의 힘 (The Life-Changing Magic of Tidying)》이라는 책을 읽고 집을 정리하는 데 도움을 받았다고 이야기했다. 일본의 정리 정돈 컨설턴트 곤도 마리에의 책이었다. 내게 꼭 필요한 책이라는 생각이 들어서 바로 주문해 하루 만에 읽었다.

책은 제목처럼 인생을 바꿀 만했다. 기쁨을 가져다주는 것만 남겨두겠다는 삶의 방식이 더 이상 후회하지 않는 삶을 살겠다는 나의 다짐과 딱 맞아떨어졌다. 이 새로운 사고방식이 정확히 내게 꼭 필요한 것, 바로 새로운 시작이라고 확신했다.

이 책은 매우 실용적으로 내가 할 일을 알려주었다. 그녀의 방식을 내 삶에 바로 적용하기 시작했다. 그때부터였을까? 사람들은 내가 정신이 나갔다고 생각했다.

쓸모 있는
것들만
남기기

우리 가족 중에는 대대로 저장강박 증세를 보이는 호더(hoarder)들
이 많다. 할머니 집은 골동품 상점 같았다. 할머니가 사들인 모든
물건 밑에 여전히 가격표가 붙어 있었다. 할머니는 언젠가 쓸 일이
있을 거라고 생각한 것 같다. 오히려 아무것도 버리지 않고 모아두
는 것을 자랑스럽게 여겼다.

엄마 집도 잡동사니로 가득했지만 할머니 집만큼 나쁘지는 않았
다. 어쨌든 나는 물건을 버리지 못하는 가정에서 자랐다. 감성적인
물건, 값나가는 물건, 심지어 별 쓸모없는 물건까지 말이다. 그래서
인지 나 또한 집은 모름지기 물건으로 가득해야 한다고 생각했다.

곤도 마리에의 《정리의 힘》을 읽고 즐거움을 가져다주는 것만으
로 채운 공간과 정리에 대해 알게 되었다. 내가 삶을 주도하는 새
로운 방식에 큰 기대를 걸었다. 나는 이 라이프스타일을 통해 모든

게 완벽해질 거라고, 그래야만 행복할 거라고 믿었다.

옷장부터 시작해서 곤도 마리에의 간단한 정리 방법을 적용했다. 물건에 대한 애착이 강하고 쇼핑 중독이 심했던 사람치고는 몹시 빠른 속도였다. 규칙은 간단했다. 즐거움을 가져다주는 것만 남기기.

정말 자유롭고 진정으로 내 삶을 주도하는 기분이었다. 내가 가진 것 중에 80%가 즐거움을 가져다주지 않는 물건이었다는 사실에 충격받기도 했다. 도대체 나는 인생을 어떻게 살아온 걸까? 내가 뭘 좋아하는지 알고 있었나? 아니면 다른 사람의 스타일을 따라 하느라 바빴나? 새로운 삶의 방식 때문에 내가 변한 걸까?

그릇, 가전제품, 액자, 조리도구까지 최소한으로 줄였다. 마치 도전 과제 같았다. 이전까지는 '많을수록 더 행복하다'고 생각했다면 지금은 '적을수록 행복하다'고 생각했다.

쇼핑 중독을 정리 중독으로 바꾼 것 같았다. 결심할 때마다 삶의 주도권을 조금씩 되찾은 기분이 들었다. 어떤 물건을 남기고 어떤 물건을 버릴지 결정할 권한이 있다는 사실이 기분 좋았다. 그전까지는 삶에 대한 통제력을 완전히 잃어버린 느낌이었다. 지금은 많은 시간과 공간, 자유를 보장하는 새로운 라이프스타일에 집착하게 되었다.

인터넷에서 자신이 관심 있는 것들을 검색하면 알고리즘은 비슷한 콘텐츠를 계속 추천한다. 나는 알고리즘을 통해 미니멀리즘

(minimalism, 단순함과 간결함을 추구하는 것)과 슬로 라이프(slow life, 느림의 미덕을 추구하는 삶)를 발견했다. 최대한 많은 정보를 수집해서 적극적으로 삶에 적용하기 시작했다.

미니멀리즘은 삶에 가치를 더하지 않는 모든 것을 없애는 데 도움을 주었고, 슬로 라이프는 삶의 속도를 줄여 안정되고 명료하고 여유로운 삶을 사는 데 도움이 되었다.

미니멀리즘과 슬로 라이프에 대해 모든 걸 알고 싶었다. 가지고 있던 물건 중 80%를 버리면서 긍정적인 생각들이 가득할 때 당장 시도해보고 싶었다. 인생을 의미 있게 다시 만들어갈 준비가 되었다. 인생을 천천히, 좀 더 의도적으로 접근하는 방식이 옳다고 여겼다.

지식과 경험이 많은 전문가들이 말하는 대로 따라 하면 인생이 훨씬 즐겁고 만족스러우며 의미 있을 것 같았다. 삶의 의미를 찾고자 하는 마음이 간절했던 나는 전문가들의 말을 거부할 수 없었다. 그리고 이것은 내가 저지른 가장 큰 실수였다. 나는 그들이 말한 대로 할 준비가 됐다.

나는 새로운 정체성을 찾았다. 그리고 비슷한 생각을 하는 사람들과 함께하면서 안정감과 해방감을 느꼈다. 하지만 내가 늘 보았던 최종 목표와 유사한 최종 목표가 눈에 들어왔다. '끝까지 도달해야 행복해진다.'

버릴수록 자유로워진다

미니멀리즘은 단순한 삶을 위한 라이프스타일 운동이다. 미니멀리즘이 정말 필요한가? 우리 삶에 어떤 가치가 있는가? 많은 사람들이 더 많은 자유를 원하면서 미니멀리즘이 속도를 내고 있다. 미니멀한 삶은 우리를 짓누르고 방해하는 과잉을 없애는 것이다. 내 삶에서 지나친 부분이 무엇인지 확인하고 버리는 방법을 배우는 과정이다. 따라서 미니멀한 삶에는 가치 있는 것들만 가득 찬다.

미니멀리즘과 같은 부류인 슬로 라이프는 슬로푸드 운동에서 시작되었다. 빠르게 돌아가는 라이프스타일에 지친 사람들이 느긋한 삶을 추구하는 것이다. 미니멀리즘을 통해 삶의 속도를 줄일 수 있기에 둘 중 하나만 선택할 수 없다.

천천히 산다는 것은 일상을 즐기고 소소한 순간들에 감사하는 것이다. 슬로 라이프는 아이들과 함께 걸어서 등교하거나, 한 번에 한 가지 일을 하거나(생각보다 어려운 일이다), 수입이 적더라도 일을 줄여서 자유 시간을 늘리는 것을 말한다.

좋은 것들만 채우기

옛날에는 물건이 거의 없었다. 삶은 단순했고 사람들은 꼭 필요한 것만 있으면 되었다. 인간이 진화하면서 한평생 짊어지고 사는 물건의 양이 늘어났다. 늘어난 물건들은 우리를 지치게 하고 삶에 부정적인 영향을 미친다. 정리는 우리의 집과 생각과 삶을 채우고 있는 잡동사니에서 벗어나는 것이다. 우리가 사랑하고 삶에 가치를 부여하는 쓸모 있는 것들만 남긴다.

마음 가는 대로 살아가기

직감은 본성의 일부이다. 직감은 최선의 방향으로 우리를 인도한다. 자신의 목소리에 귀 기울이고 그 목소리에 따라 일상의 크고 작은 결정을 내리는 것이 직감에 따라 사는 삶이다. 이를 위해 자기 신뢰, 자기 이해, 자기 존중이 필요하다. 직감에 따라 살아가면 다른 사람의 의견이나 충고가 필요 없다. 느낌으로 자신이 옳은 일을 하고 있다는 것을 알기 때문이다.

미니멀리즘과 슬로 라이프는 훨씬 더 느린 속도로, 적게 소유하고 사는 것이 더 낫다는 사실을 다시금 확인시킨다. 빠르게 소비하면서 살아가면 스트레스를 받을 뿐 절대 만족감을 느낄 수 없다. 삶의 속도를 늦출수록 소소한 것들, 남들에게 인정받느라 신경 쓰지 못했던 작은 것들에 감사할 수 있다.

정리의 결과는 감동적이었지만, 너무 많은 것을 덜어낸 탓에 불편했다. 집이 어딘가 달라 보였다. 빈 공간이 너무 커서 적응하기 힘들었다. 친구들과 가족들은 끊임없이 놀려댔다. 내가 자신들의 가치 기준에서 벗어나자 경계심을 품는 것 같았다.

당시에는 깨닫지 못했지만 내가 다른 사람들에게 하는 말과 기준은 곧 나를 향한 것이다. 모든 판단과 지적, 공개적으로 나누는 모든 의견은 결국 나 자신을 바라보는 방식이다. 굉장히 자기 비판적인 사람은 다른 사람에게도 비판적이지만 자신에게 공감하고 친절한 사람은 다른 사람에게도 호의를 베푼다.

사람들이 문제를 던지더라도 신경 쓰지 말라고 충고하고 싶다. 남들과 달라도 되고, 다른 사람들이 우리를 흔들려고 해도 자신의 본모습을 지키면 된다. 우리 모습 그대로 괜찮다.

나를 기쁘게
하는 것들

모든 물건을 정리하고 나니 삶에 여유로운 공간과 평화, 자유가 훨씬 늘어났다. 나는 그 변화를 즐겼다. 노트 한 권과 펜을 가지고 식탁에 앉아서 깨끗한 종이 위에 '기쁨 목록'이라고 적었다. 그 밑에는 내가 가장 많은 시간을 할애하는 것들을 적었다. 친구, 말타기, 가족과 만남, 집에서 시간 보내기, 일, 혼자 시간 보내기 등 남김없이 적었다.

적어놓은 종이를 한참 뚫어져라 바라보니 수많은 감정들이 밀려들었다. 나는 가장 큰 기쁨을 주는 순서대로 목록을 다시 작성했다. 결과는 놀라웠다. 친구들과 많은 시간을 보내는데도 기쁨 목록에서는 아래쪽에 있었다. 말타기는 목록에서 두 번째를 차지했다. 이제껏 엄마를 위해 말을 탄다고 생각했다. 엄마는 어릴 때 갖고 싶었던 조랑말을 갖지 못해서 그 꿈을 내가 대신 이뤄준다고 생각했다. 하지만 내가 진짜 느끼는 감정은 전혀 달랐다.

기쁨 목록에서 가족이 차지하는 비중도 예상 밖이었다. 나는 늘 가족과 잘 어울리지 못한다고 느꼈다. 엄마는 내가 태어난 지 6개월째 되던 세례식 날 밤에 아빠를 떠났다. 두 살까지 간혹 아빠를 만났지만, 이후로는 아빠 없이 자랐다. 아빠와 관계는 기억의 파편일 뿐이었다. 내가 이어 붙인 찢어진 결혼식 사진, 아빠가 보내준 생일 카드, 아기였던 나를 위해 아빠가 골라준 에나멜가죽 부츠, 우리가 돌아오길 바라며 엄마의 자동차 와이퍼 밑에 남겨둔 아빠의 편지.

우리 가족은 아빠를 별로 좋아하지 않았다. 다른 가족들이 아빠가 나쁜 사람이라고 말했기 때문에 나도 그렇게 확신했다. 가족들에게 나는 아빠를 떠오르게 하는 존재였기에 짐이라는 생각도 들었다. 이러한 생각 때문에 감정적으로 거리감을 느끼고 외로웠다. 가족이 목록에서 아래쪽을 차지하는 것이 슬펐지만 진심이 그랬다. 당시 중요한 깨달음을 얻었다고 생각했다. 다른 사람에게 옳은 것이 반드시 내게 옳은 것은 아니다. 그래도 괜찮다고 생각했다.

당시에는 내 가치를 발견하는 중이었다. 가족이나 사회가 강요한 가치가 아니라 내가 소중하게 여기는 가치, 마음 깊은 곳에서 내 삶을 의미 있게 채우는 가치. 다른 사람들의 기분을 맞추는 데 지쳐 있었고, 두려웠지만 새로운 삶의 방식을 찾아 나설 때가 됐다. 집을 철저히 점검했던 것처럼 정돈된 삶이 어떨지 알고 싶어졌고, 내 감정이 어떨지, 그런 감정을 느끼는 이유가 무엇인지 궁금했다.

나는 너처럼 살 수 없다

심리학자 바브 마크웨이(Barb Markway)는 가치를 "삶에 의미를 부여하고 역경을 통해 인내하게 하는 원칙"이라고 정의했다. 예를 들어 창의성, 공동체, 재정적 안정, 모험, 성공, 가족, 사랑, 연결, 가정, 사려 깊음, 진실, 단순성 등이다. 가치는 절대 변하지 않는 것이라고 생각하는 사람도 있다. 나는 우리가 늘 변화하고 성장하듯이 가치도 시간에 따라 변화한다고 생각한다.

사회가 강요하는 가치와 개인이 정한 가치의 순위가 늘 일치하지 않는데, 더 중요한 것은 개인의 가치다. 다른 사람의 가치에 따라 사는 것은 다른 사람이 만든 틀에 자신을 맞추는 것과 같다. 늘 불편하게 끼워 맞추는 느낌이다. 반대로 나의 가치에 따라 살면 마음 깊이 옳다는 느낌이 들고 내 집처럼 편안하다.

문제는 자신의 가치와 주위 사람들의 가치가 충돌할 때이다. 불안정한 상황에 처해 있거나 자존감이 부족한 사람은 자신을 희생하고 무너지기 쉽다. 가치 목록에서 가족의 순위가 높지 않은 것은 내가 이상하기 때문일까 생각했다. 말타기가 가족보다 순위가 높아서 내가 이기적인 사람이라는 생각도 들었다.

하지만 모든 사람들의 기질과 경험, 성격은 전혀 다르다. 따라서 보편적인 가치에 맞춰 살기란 매우 어렵다. 각자의 개성을 받아들이는 것이 훨씬 자연스럽다.

가치 목록을 작성하면서 어려운 결정을 내리는 데 도움이 되었고, 단순하게 살아가기가 훨씬 수월해졌다. 단순하게 살기란 절대 쉽지 않다. 단순해지려면 포함해야 하는 것뿐만 아니라 **빼야 할 것**을 의식적으로 생각해야 한다. 단순한 삶을 위한 결정이 나중에는 큰 가치가 있다고 해도 매우 감정적이고 고통스러울 수 있다.

우리는 핵심 가치에 따라 결정을 내릴 수 있다. 미래를 위해 저축할지 여행을 떠날지 결정하기 어려운가? 약속이 너무 많아서 몇 개는 포기해야 하는가? 이러한 것을 정리할 때 가치가 중심을 잡아줄 것이다. 우리는 모든 일을 할 수도 없고, 모든 일이 우리에게 중요하지도 않다.

처음 '기쁨 목록'을 쓰고 나서 억지로 사로잡힌 삶이 아니라 내가 원하는 삶을 살기 위해 가치를 정의하는 방식과 그 가치를 중심으로 살아가는 방식을 배웠다. 삶의 속도를 늦추고 단순화하기 위해 노력하더라도 자신에게 중요하지 않은 것을 없애지 않고 다른 사람의 공식을 따르면 벽에 부딪히게 된다.

나의 가치에 맞춰 살면 진정한 내가 되는 느낌이 든다. 나의 결정이 정당화되고 나에게 중요한 것들만 남게 된다. '이 선택이 나의 가치에 맞는가?'라고 질문하면 훨씬 쉽게 결정하고, 즉시 해야 할 일을 알게 된다.

처음부터 나의 가치가 무엇인지 알았더라면 변화로 인해 힘들 때 의지할 수 있었을 것이다. 달라졌다는 이유로 가족이 나를 비웃고 끊임없이 질문을 해댈 때도 내 가치에 따라 옳은 길을 가고 있다고 확신하며 자신감을 가질 수 있었다.

머리가 아닌 가슴으로 먼저 느끼기

내가 가치 있다고 생각하는 것이 무엇인지 알았더라면 더 많은 것을 얻었을 것이다. 그러니 당신도 가치 있다고 여기는 것이 무엇인지 생각해보라. 나의 핵심 가치를 알면 더 단순하고 의미 있는 삶을 향한 로드맵을 만드는 데 도움이 될 것이다.

자신의 가치를 곧바로 깨닫는 사람도 있지만, 시간이 오래 걸리는 사람도 있다. 자신의 본능과 대화를 나누는 일이 힘든 사람은 자신에게 너그러워지는 것이 좋다. 가치를 발견하면 바로 느낌이 온다. 단순히 머리로 아는 것이 아니라 몸으로 느껴진다.

나에게 가치 없는 것이 무엇인지를 아는 것도 중요하다. 자신이 원해서 하는 것이 아니라 의무적으로 무언가를 할 때 어떤 느낌이 드는가?

옳고 그른 답은 없다. 사회는 가치의 순위를 매기는 경향이 있다. 특히 여성의 경우에 더하다. 하지만 정해진 틀에 맞출 필요 없다. 가치 순위에서 가족은 낮고 모험은 높다고 해서 나쁜 것이 아니다. 열린 마음으로 가볍게 접근해보자.

이 장을 다 읽었다고 해서 이 주제가 끝난 것은 아니다. 당신의 호기심을 자극해서 주기적으로 또는 매일 자신의 가치에 관해 생각해야 한다.

가족, 친구, 문화, 사회로부터 가치 있는 것이 무엇인지를 배울 수 있다. 하지만 그 가치를 선택할 권리는 나에게 있다. 무엇보다 나의 가치에 집중해야 한다.

나의 기쁨 목록은 시작 단계에서 유용하지만, 내가 어떻게 기억되기를 원하는지 생각하는 것이 훨씬 중요하다. 이것은 우리의 삶과 정체성에 관한 것이므로 훨씬 큰 동기부여가 된다.

나는 어떤 사람으로
기억되고 싶은가?

이 질문에서는 단어 선택이 대단히 중요하다. 어떤 사람으로 기억될 것 같은지, 또는 다른 사람들이 당신을 어떻게 설명할 것 같은지를 생각하는 것이 아니다. 내가 어떻게 기억되기를 가장 '원하는가?'이다.

대답하기 어려울 테니 딱 하나만 고르라고 강요하지 않겠다. 6개의 단어를 선택해보자.

6개의 단어를 선택했다면, 각각 당신에게 어떤 의미인지 정의해보자. 그림을 그리거나 사진을 붙여도 좋다. 자신의 가치는 자기 삶에 맞춰야 하므로 자기만의 언어로 정의해야 한다. 최대한 구체적으로 적어보자. 예를 들어 사랑의 가치를 이렇게 정의할 수 있다. "자신과의 사랑을 우선순위에 두는 것이다."

이 목록을 잘 보이는 곳에 둔다. 일단 책상 옆에 하나 붙여두고, 휴대전화 노트 앱에 저장해두거나 가방 속에 넣고 다녀도 좋다. 어떤 결정을 내리기 힘들 때마다 가치 목록을 찾아보자. 자신의 가치에 따라 마음이 끌리는 대로 따라가 보자.

NOTES

_____

_____

_____

_____

_____

_____

_____

_____

_____

_____

_____

_____

_____

_____

_____

_____

_____

_____

_____

_____

_____

Simple House

02
추억
정리

내 자존감을
세워줬던
물건 버리기

쉬는 동안 완벽한 미니멀 라이프에 집착한 나머지 다른 데는 거의 신경 쓰지 못했다. 물건을 대부분 없앴더니 서랍이 비었다. 심지어 일부 서랍조차 버렸다. 그걸로도 부족했다. 정돈된 집에서 가벼워지고 자유로운 기분이 들었다. 물건이 줄어들자 삶이 전반적으로 훨씬 편해졌다. 하지만 진정으로 행복하거나 만족스럽지 않았다. 여전히 행복감과 만족감을 좇고 있었다.

기대가 너무 컸는지 더 많이 정리할수록 마음의 공허함도 더 뚜렷해졌다. 이전에는 불안감을 채우기 위해 물건을 사들였지만, 이제는 그렇게 할 수 없어서 점점 더 불안했다. 인내심이라고는 없이 손가락만 튕기면 하루아침에 모든 것이 바뀌기를 바랐다.

마음의 평화, 강력한 자존감, 삶에 감사하는 마음 등 책과 블로그에서 읽은 미니멀리즘과 슬로 라이프는 멋지게 들렸지만, 버리기가 늘 쉽지는 않았다. 적게 소유하는 것이 더 낫다는 믿음이 맹신처럼 느껴졌다.

알고 보니 자존감과 자기 확신이 부족했다. 자기 확신을 갖기보다 다른 사람들에게 인정받기를 원했다. 다른 사람들이 나를 어떻게 생각할지 끊임없이 걱정했다. 이러한 사고 패턴이 오랫동안 뿌리 깊이 자리 잡고 있었다. 다른 사람에게 인정받으면 더 안전한 기분이 들었다. 물건을 버릴 때마다 다른 사람에게 인정받기 위해 쓴 가면과 가식을 버리는 느낌이었다. 스스로 답을 찾고 내가 좋아하는 것과 좋아하지 않는 것, 나다운 것과 나답지 않은 것을 결정하는 동안 즐거웠다.

이제는 내가 추구하는 미니멀리즘 스타일에 따라 옷장과 집 안의 자질구레한 물건들을 정리하기가 훨씬 쉬웠다. 깨끗이 정리하면서 큰 만족감을 느꼈고 남은 물건에 새삼 감사함을 느꼈다. 내가 좋아하는 물건만 남기고 잡동사니는 다 치우니 남은 물건들이 두드러져 보였다. 공간이 많이 생겨서 남은 물건들이 훨씬 매력적으로 보였다.

미니멀리즘을 실행하면서 새로운 도전을 마주하게 됐다. 내 정체성을 나타내거나 감성적인 물건들을 버리기가 훨씬 더 어려웠다. 한 단계 나아가 인간관계처럼 비물질적인 것을 버리는 일은 더 큰 도전이었다.

감성적인 물건은
맨 마지막에
버려라

모든 미니멀리즘 관련 책에서는 삶에 가치를 부여하지 않는 감성적인 물건은 과감히 버리라고 한다. 미니멀 라이프에 푹 빠져 있었기에 이 충고를 의심해본 적이 없다. 그저 먼저 경험한 사람들을 따라 하는 것이 좋다고 생각했다. 미니멀리스트가 되는 데 필요한 건 무엇이든 했다.

나는 매우 감성적인 사람이다. 공연 티켓이나 입장권, 배지, 수많은 사진으로 가득 찬 기억 상자를 만들었다. 이 감성적인 물건들은 소속감과 사랑을 의미했다. 내 인생이 고스란히 담긴 물건에서 위안을 얻었고, 기억 상자가 있다는 것만으로 안정감을 느꼈다.

나는 스크랩북 만드는 것을 즐겼다. 소중한 순간이나 사람을 떠올리게 하는 것은 무엇이든 모아두었다. 나는 일종의 사랑 중독자였다. 감성적인 물건은 강렬한 기쁨과 고통을 함께 지니고 있고,

현재의 삶에 별다른 영향을 미치지 않는다. 첫 데이트를 했을 때 봤던 영화 티켓에 그날의 감정과 기억이 모두 담겨 있다고 생각하지만, 내가 감정을 싣지 않으면 종잇조각일 뿐이다. 부모님이 남기신 물건이나 어린 시절 학교에서 만든 작품들, 오래된 연애편지도 마찬가지다.

시간이 흐름에 따라 내 정체성이 가득 담긴 기억 상자 더미가 쌓여갔다. 옷장 꼭대기 선반에 올려둔 기억 상자들이 나를 쳐다보았다. 나도 상자들을 마주할 준비가 되었다.

추억을 소환하는 것들

곤도 마리에는 감성적인 물건은 마지막에 정리하라고 한다. 이런 물건들을 버리기가 가장 힘들기 때문이다. 나 역시 그랬고, 다른 사람들에게도 똑같이 권하고 싶다. 일단 가장 쉬운 일부터 시작하고 조금씩 어려운 일에 도전하는 것이 낫다. 무엇보다 버리기 어려운 것일수록 반드시 시간을 두고 해야 한다.

숟가락을 잔뜩 버리고 나면 몇 개 더 사면 되지만, 사진 원본을 버리는 것은 전혀 다른 일이다. 그 사진들은 대체할 수 없으므로 버려도 된다는 확신이 들어야 한다. 한번 버리면 영원히 없어진다고 해서 사진을 붙들고 있어야 하는 것은 아니다. 균형이 중요하다. 버리기 어려운 것을 버리는 일은 흑백논리로 해결할 문제가 아니다.

정리에 집착한 나머지 당장 모든 것을 버려야 할 것 같은 부담을 느끼더라도, 모든 옷장과 서랍과 선반을 비울 때까지 만족하지 못할 것이다. 서두르지 않아도 된다.

감성적인 물건을 버리는 데 효과적인 방법이 있다. 전부 다 비우고 나서 물건을 하나하나 살펴보며 스스로 질문한다. '이 물건이 기쁨을 주는가? 삶에 진정한 가치를 부여하는가?' 또 다른 방법은 모든 것을 잃어버렸다고 상상하고 무엇을 되찾고 싶은지 생각하는 것이다. 화재나 홍수 등 어떤 재해로 잃어버린 물건을 되찾을 수 있다면 어떻게 할지 생각해보는 것이다.

버리기 힘든 물건이 너무 많을 때 유용한 방법이다. 상황을 재구성하면 생각하기가 쉬워진다. 또한 버리면서 느끼게 되는 죄책감을 없애준다. 자신의 삶을 구성할 때 시각화의 힘을 쉽게 생각해서는 안 된다.

가장 버리기 힘든 물건 중 하나는 고등학교 졸업 앨범이었다. 거기에는 청소년 시절을 함께한 사람들과 수많은 추억이 담겨 있다. 학창 시절이 인생에서 가장 행복한 순간이라고 하지만, 실제로는 그렇지 않았다. 방에서 다리를 꼬고 앉아 졸업 앨범을 넘기면 너무 불행한 기분이 들었다. 물론 행복한 기억도 있지만, 고통스러운 기억과 후회도 있다.

나는 힘든 시기를 어렵게 버텨낸 문제아였다. 쑥스러움을 많이 탔고 거칠며 반항기도 가득했다. 예전의 내 모습이 싫었고, 지금의 내 모습도 싫었다. 졸업 앨범을 버리는 것은 새 출발을 하는 동시에 부끄러웠던 나의 일부도 함께 버리는 것과 같았다..졸업 앨범을 버리기 어려웠던 이유는 세상사에 관심 없이 평화로웠던 시절을 버리는 것이었기 때문이다. 힘들었지만 내 집에서 공간과 관심을 차지하며 끊임없이 옛 기억을 떠올리는 대신 다음 단계로 나아가기 위해 졸업 앨범을 버렸다. 막상 버리고 나니 마음이 편했다.

연애편지도, 테디베어도 모두 버려라

3개의 커다란 기억 상자와 앨범 한 꾸러미, 유산으로 받은 잡동사니가 작은 바구니 하나로 줄었다. 내가 소중히 아끼는 감성적인 물건을 모아둔 바구니 하나는 옷장 위에 자랑스럽게 보관했다.

할아버지 할머니가 크리스마스 선물로 준 테디베어처럼 정말 의미 있는 것이 무엇인지 알게 되자 덜 중요한 물건을 버리기가 더 쉬웠다. 내가 가진 모든 물건이 내게 주는 기쁨과 가치에 따라 1에서 10까지 점수가 매겨졌고, 8 이상인 물건에게만 공간을 내주었다.

나의 미니멀리즘은 신의 경지에 이르렀다. 앞으로 버리게 될 모든 것에 대해 마음이 가벼워졌다. 물건이 주는 부담감을 깨달았고, 물건을 버리면서 정신적, 물리적 공간이 생겼다. 물건이 적어지자 삶이 단순해 보였고 내 머릿속도 단순해진 느낌이었다. 볼 것도,

정리할 것도, 청소할 것도, 생각할 것도 적어졌다.

졸업 앨범과 마찬가지로 사진도 버리기 매우 어려웠지만 흥미로웠다. 사진 속 내 모습이 마음에 들지 않으면 과감히 버렸다. 사진을 보고 있으면 내가 싫어했던 어린 시절 내 모습이 생각났다. 그 아이를 잊고 새 출발을 하고 싶었다. 사진을 정리하자 무거운 껍질을 벗어버리고 나 자신을 재창조할 기회가 주어진 기분이었다.

과거의 모습과 고통스러운 기억, 어색한 자세를 계속 떠올릴 필요 없다. 당시 나는 스물다섯 살이었다. 청소년기와 20대 초반의 사진을 보자마자 힘들었던 시절이 떠올랐다. 물론 좋았던 추억도 있었지만, 나는 새로운 사람이 되고 싶었다.

힘들었던 기억이 떠오르는 모든 물건을 버려야 한다고 생각했지만, 되돌아보니 나 자신에게 너무 가혹한 짓이었다. 지금은 버린 사진들이 너무 그립고 그때로 다시 돌아가 사진들을 남기고 싶다. 물건을 버리고 후회하지 않느냐는 질문을 받을 때마다 이 사진들이 생각난다.

술에 취한 밤마다 앨범을 볼 필요는 없으므로 사진을 디지털로 저장하면 좋겠다고 생각한다. 디지털 잡동사니는 물리적인 잡동사니만큼 시간과 장소, 에너지가 들지 않고 관리하기도 쉽다. 훨씬 더 많은 사진들을 살펴봤다면 좋았을 텐데, 서둘러 해치워버린 것이 크게 후회된다.

포토북을 만드는 것도 방법이다. 기억하고 싶은 물건들을 사진으로 찍어서 모아두는 것이다. 가치 있고 위안을 주는 물건은 보관해야겠지만, 그렇지 않으면 포토북으로 만들어 영원히 간직하는 것도 좋은 대안이다.

원할 때마다 들춰보며 밀려드는 추억을 간직할 수 있다. 포토북은 공간을 많이 차지하지 않을 뿐 아니라 사진으로나마 다시 볼 수 있다. 포토북에 사랑을 가득 담을 수도 있다. 사진 아래 손 글씨로 글을 쓰는 것이다. 물론 디지털 포토북을 만들어도 된다.

감성적인 물건을 버릴 때는 시간을 두고 천천히 하자. 절대 서두를 필요 없다. 버려야 할 게 많고 정말 중요한 것들만 남기면 기분이 훨씬 좋아지더라도 말이다. 자신만의 속도로 서두르지 않아도 되며, 결승선도 없다.

버리는 일은 '한 번에 제대로' 해야 하는 것이 아니라, 매일은 아니더라도 주기적으로 실천해야 할 습관이다. 비행기가 뜰 때는 에너지가 필요하지만 일단 떠오르면 에너지가 훨씬 적게 드는 것과 같다. 성공의 열쇠는 한 번에 한 단계씩 날아갈 수 있는 단단한 토대를 만드는 것이다.

나는 버리는 데 가속도를 높이고 싶었다. 이것은 나를 시험하는 일이기도 했다. 우선 주로 의미 없는 물건부터 버리기 시작한다. 다음에 어떤 느낌이 드는지 잠시 기다렸다가 물건을 그리워하는지 본다. 후회할까 봐 걱정되면 이 물건들을 버렸다고 상상한다.

며칠, 몇 주 혹은 몇 달이 지난 후에도 이 물건들을 버리고 싶다는 생각이 들면 그때 버리면 된다. 천천히 자기 신뢰와 본능에 따라 추진한다. 중간에 실수할 수도 있다. 중요한 것은 적절한 시기에 옳다고 생각하는 일을 하는 것이다. 이 점을 알고 있으면 큰 위안이 된다.

나 자신에게, 특히 과거의 내 모습에 친절해야 한다. 과거가 없었다면 현재의 내가 없다. 과거가 있었기에 지금 이 순간 내가 있다는 사실에 감사하고 사려 깊게 행동해야 한다.

감성적인 물건을 살펴보면서 떠오르는 생각을 적어보자. 자신을 친절하고 관대하게 대하자.

NOTES

물건을 버릴 때 가장 힘든 것은 내 인생의 물건과 다른 사람에게 부여한 가치와 나 자신에게 부여한 가치를 분리하는 일이다. 물건, 사람, 정체성은 당연히 소중하게 여겨야 하지만, 삶의 중심에는 항상 내가 있어야 한다. 이 사실을 깨닫기까지 오랜 시간이 걸렸고, 지금도 깨달아가는 중이다.

감성적인 물건을 버리면서 가속도가 붙기 시작했다. 이때쯤 내 삶에 가치를 더하는 것과 더하지 않는 것을 자신 있게 구분할 수 있었다. 그러자 자존감이 높아졌고 계속 삶을 정리해나가기로 마음먹었다. 삶을 진정으로 변화시키고 싶다면 계속 도약해야 한다.

버렸을 때의
두려움에 맞서기

자신이 가지고 있던 것을 버리기는 어려운 일이다. 이 주제를 고른 이유는 나의 삶, 생각, 결정을 내가 주도할 때 비로소 자유를 느낄 수 있기 때문이다. 우리가 짊어진 무게를 내려놓고 마음이 자유로워진다는 것은 나 자신이 우주의 중심이라는 것을 깨닫는 것과 같다.

두려움은 곳곳에 숨어 있고 온갖 방식으로 나타난다. 원래 두려움은 우리를 위험에서 보호하지만, 종종 우리 앞을 가로막는다. 두려움이라는 감정과 두려움으로 인해 나타나는 불안감이 우리 행동에 영향을 미친다. 무언가를 두려워하면 실제로 두려워할 이유가 없는데도 피하려 한다. 우리가 두려워하는 것이 실제로는 해를 끼치지 않을 것이다. 두려움은 감정일 뿐이고 다른 모든 감정처럼 지나간다.

버릴 때 느끼는 두려움을 적어보자. 무엇이 두려운지를 이해하고 두려움에 맞닥뜨리는 과정이다. 무엇이 두려운지 모른다면 두려움을 마주할 수 없다. 두려움을 솔직하게 받아들이는 게 중요하다. 버리는 것에 대한 두려움을 자유롭게 써보자.

15분 동안 자신에게 간단한 질문을 던져보자. 나는 무엇을 두려워하는가? 너무 깊이 생각하지 말자. 떠오르는 감정에만 집중하고 묘사하는 단어를 사용해서 어떤 생각이 드는지 살펴보자. 놀라운 일이 벌어질지도 모른다. 두려움을 속속들이 떠올리면 두려움을 외면했을 때 깨닫지 못한 것들을 발견함으로써 두려움을 극복할 수 있다.

NOTES

_____

_____

_____

_____

_____

_____

_____

_____

_____

_____

_____

두려움 일기를 써보자

　이제 두려움이 일상적인 행동에 어떤 영향을 미치는지 생각해보고, 반복되는 패턴을 눈여겨본다. 처음에는 알아채지 못할 수도 있다. 그렇다면 몇 주 동안 일기를 써보자. 내가 두려울 때 어떤 행동을 했는지 주의를 기울여보자. 단순한 두려움도 좋다. 언젠가 필요할 수도 있다는 생각에 평소 입지 않는 비싼 드레스를 버리기 두렵다는 것이라도 좋다. 이것은 충분히 갖지 못하는 데서 느끼는 두려움이다. 이 두려움은 더 커질까? 이 두려움 때문에 정말 부족했던 순간이 떠오르는가?

　이제 버리는 것에 대한 두려움과 원인을 알게 되었다면, 두려움에 대해 의문을 제기할 수 있다. 다음 질문을 통해 사고방식을 재구성해보자. 이것은 진짜 두려움인가?

　두려움이 우리를 강력하게 지배할 수 있으므로 우리의 믿음에 따라 두려움을 버리기까지 시간이 걸릴 수 있다. 인내심을 갖고 작은 것부터 실천해보자. 버리는 것에 대한 두려움을 마주하고 극복할 힘과 선택이 당신에게 있다는 사실을 항상 기억하자. 조지 아데어의 말을 떠올려보자.

　"당신이 원하는 모든 것은 두려움의 반대편에 있다."

Simple
House

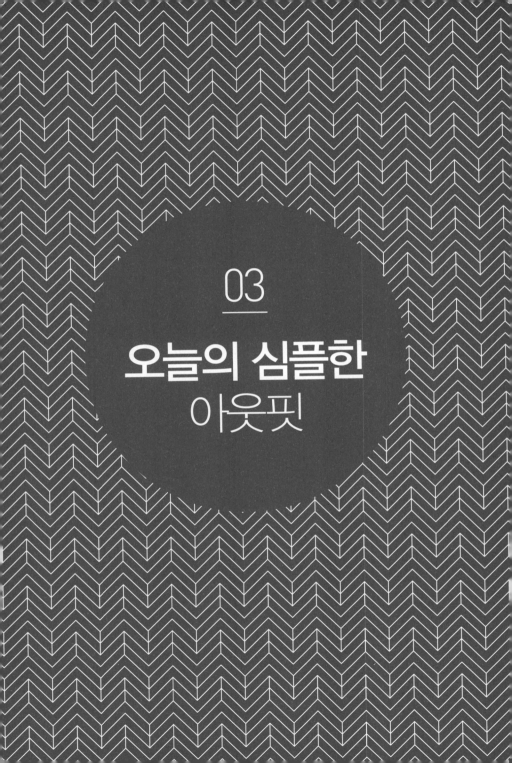

03

오늘의 심플한
아웃핏

심플 라이프는
옷장부터
시작된다

미니멀리즘은 여러 분야에서 다양하게 적용되고 있다. 예술가가 최소한의 선을 사용하여 감정을 자극하고 의미 있는 작품을 만드는 미니멀 아트가 있고, 어니스트 헤밍웨이처럼 문장이 최대한 간결한 미니멀리즘 문학이 있다. 당시 나의 옷장과 인테리어 스타일과 비슷한 무채색으로 이루어진 미니멀리즘 미학도 있다.

개개인의 미니멀리즘 라이프스타일은 저마다 다를 수 있다. 나의 미니멀리즘이 처음 시작된 것은 옷장이었다. 거기에서부터 느리고 단순한 삶을 실천해나갔다. 곤도 마리에가 길잡이 역할을 해주었다. 그녀는 덜어내고 사는 삶이 주는 기쁨을 보여주었다. 덕분에 새로운 사고방식, 삶의 방식, 존재 방식에 마음의 문을 열 수 있었다.

기쁨을 가져다주는 옷만 남기는 것은 좋은 출발점이었다. 나는 무거운 짐을 벗어 던지고 내가 좋아하는 것과 좋아하지 않는 것이 무엇인지 생각했다. 아울러 왜 그렇게 의미 없는 물건에 둘러싸여 있었는지 스스로에게 물었다.

그런데 다른 모든 집착과 마찬가지로 쉽게 중독되는 성격 탓에 곧 자제력을 잃고 말았다. 옷장을 대대적으로 정리하고 나서 옷가지가 상당히 줄어들자 적게 소유하는 삶에 맞는 새로운 옷장을 사고 싶었다. 극단적으로 물건을 줄였고, 뭐가 됐든 미니멀리스트처럼 보이고 싶었다. 점차 캡슐 옷장과 나만의 옷장을 만들어야 한다는 생각에 집착했다. 완벽한 미니멀리즘 옷장을 원했던 것이다.

뭘 입을지 고민할 필요 없는 옷장

캡슐 옷장이라는 용어는 1970년대 수지 폭스(Susie Faux)가 도입했다. 폭스는 캡슐 옷장을 유행을 타지 않고 계절 아이템에 어울리는 품질 좋은 옷으로 구성하는 것이라고 정의했다. 계절 아이템이 주기적으로 바뀌어도 캡슐 옷장의 아이템은 몇 년이 지나도 변하지 않는다. 뼈대를 튼튼하게 만드는 데 초점을 두었기에 적은 옷으로 맞춰 입기 쉽고 새로운 옷을 계속 살 필요도 없다.

쇼핑 주기가 자동으로 길어지고 더 적은 옷으로 더 많은 코디를 할 수 있으므로 훨씬 더 신중하게 옷을 선택한다. 나는 유행을 타지 않는 품질 좋은 아이템으로만 채워서 계절 아이템은 아예 필요하지 않은 캡슐 옷장을 만들고 싶었다. 쇼핑은 가능한 적게 하고 모든 옷을 가능한 오래 입고 싶었다.

느리고 적을수록 더 좋다는 사고방식으로 옷과 옷장을 바라보면서 예전 모습을 완전히 뒤집고 재구성했다. 나는 매일 다른 옷을 입고, 같은 옷을 두 번 다시 입지 않으며, 최신 유행하는 패션으로 가득 찬 옷장을 꿈꾸게 만드는 영화 〈클루리스(Clueless)〉를 보면서 자랐다. '차고 넘쳐도 늘 부족하다'라는 영화의 메시지가 머릿속에 박혔고, 이러한 방식이 좋다고 믿었다.

누구도 자신의 체형에 맞춰 옷을 입는 법이나 어떤 옷에 돈을 쓸 만한 가치가 있고 어떤 옷에 돈을 아껴야 하는지 알지 못한다. 심지어 기본적으로 옷을 잘 입는 법을 배운 적이 없다. 기본 아이템은 돈 낭비라고 생각했고, 유행하는 아이템들을 살 가치가 있다고 생각했다.

캡슐 옷장을 만드는 일은 게임을 하거나 포켓몬 카드를 모으는 것과 비슷했다. 전부 다 있어야 했다. 흰색 기본 티셔츠, 유행을 타지 않는 검정색 바지, 어디든 맞춰 입을 수 있는 짧은 검정색 원피스, 트렌치코트. 나는 유행을 타지 않는 클래식 아이템 33개가 들어 있고 1년 내내 꺼내 입을 수 있는 캡슐 옷장을 가지게 되었다. 아이템마다 빚을 지지 않을 만큼 돈을 썼고, 미니멀리스트로서 정체성을 얻었다. 체형이나 라이프스타일, 취향은 생각해보지 않았다. 이번에도 다른 사람들이 정한 기준에 맞추느라 내 취향은 포기했다.

가득 차 있던 예전의 옷장, 서랍, 여행 가방과 달리 새 옷장은 여유 공간이 있었다. 옷을 고를 때 호화로운 기분을 느끼고 싶어서 흰색 나무 옷걸이까지 샀다. 예전 옷장이 백화점 할인 매대 같았다면 새 옷장은 고급 부티크 같았다. 가진 것이 적을수록 더 많이 감사하게 됐다. 이제 아침에 옷 입기가 쉬워지고 아이템을 고르는 시간이 줄어들어 만족스러웠다. 옷이 넘쳐나는 옷장 앞에서도 입을 게 없어서 고민하던 과거와 달랐다.

최소한으로 내 스타일을 표현한다

새로운 옷장은 근사해 보였다. 그러나 규칙을 정확히 지켰는데도 뭔가 맞지 않는 느낌이었다. 한마디로 나만의 개성이 없었다. 나 자신을 완전히 표현하지 못한다는 생각이 들었다. 곤도 마리에의 방식을 옷장에 적용해서 기쁨을 가져다주는 옷과 물건, 그리고 의미는 없지만 기능성이 있는 옷만 남겼다.

나는 소비 지상주의와 물질주의에서 벗어나 자유로워지기를 바랐다. 하지만 스타일에 관심이 많은 나는 받아들이기가 어려웠다. 나는 옷에 의미를 담고 싶었다. 내가 어떤 사람인지 보여줄 수 있는 스타일을 원했다. 나에게 옷이란 피부이자 매우 중요한 물건이다.

문제는 옷을 정리할 때, 나의 스타일이 어떤 건지 몰랐다는 사실이다. 수년간 다른 사람들에게 인정받으려고 여러 가지 스타일에 맞춰 입었다. 사람들은 누구나 특정 그룹과 자신을 동일시하며 안정감을 느낀다. 미니멀리즘은 내가 동일시하려고 한 그룹이다. 나는 여러 해 동안 여러 스타일을 추구해왔다. 편안한 스타일로 입다가 최신 패션을 좇다가 저비용 패스트 패션을 좋아했다가 현재는 미니멀리스트가 됐다.

캡슐 옷장과 관련한 모든 조언을 단계별로 따라 했지만, 진짜 내 모습을 표현하지 못했다. 나의 직감과 거리가 있었다. 그래서 마음의 소리를 듣기 시작했다.

기분이 좋아야 한다는 것이 우선순위 맨 꼭대기에 있었기에 누구에게나 통용되는 규칙을 수정해야 했다. 겉으로 좋아 보일 뿐만 아니라 내 기분도 좋고, 무엇보다 나다운 맞춤형 캡슐 옷장을 만들고 싶었다. 처음부터 그렇게 하고 싶었지만, 어떻게 하는지 몰랐다. 그것도 배우는 과정에서 겪게 마련인 실수였다.

오랜 시간이 걸리고 많은 시행착오가 있었지만, 결국 내 정체성을 희생하거나 돈을 낭비하지 않고 미니멀하고 목적이 있으면서 지속 가능한 방식으로 쇼핑할 수 있게 됐다.

규칙은
내가 정할 것

미니멀리즘은 나의 개성을 없애고 말았다. 그러나 캡슐 옷장을 다시 고치면서 내 마음을 더 깊이 들여다보고, 나만의 스타일이 무엇인지 생각할 수 있었다. 스타일과 패션은 엄연히 다르다. 패션은 대형 디자인 회사, 인기 브랜드, 잡지사 에디터와 인플루언서가 주도해서 우리에게 제공한다. 그래서 주기적으로 변화하는 속도를 맞추려면 큰 노력이 필요하다.

반면 스타일은 우리 내부에서 나온다. 스타일은 개인의 취향과 각자의 영감으로 이루어진다. 스타일은 정체성의 일부이지만 가끔은 자신이 어떤 스타일인지 발견하는 데 시간이 걸린다. 유행을 좇기보다 나만의 스타일을 추구하는 것이 중요한 이유는 진정한 나다움을 느끼기 때문이다. 나만의 스타일과 유행이 일치하기는 어렵다. 그러므로 나만의 스타일을 추구할 만한 가치가 있다.

미니멀리즘 스타일 전문가들을 무작정 따라 하는 것이 아니라 내게 기쁨을 주는 것이 무엇인지 생각했다. 내 몸에 불만이 많았기 때문에 옷을 입기가 늘 어려웠다. 나 자신을 그리 좋아하지 않았던 것처럼 내 몸도 좋아하지 않았다. 항상 몸집이 너무 크다고 생각했다. 내 옷 사이즈는 66이기 때문에 이런 말을 하면 보통 사람들이 코웃음을 치겠지만 말이다. 청소년 시절부터 어릴 때 가느다랗던 다리는 온데간데없고, 몸매가 너무 낯설고 크게 느껴졌다. 10대에 이미 여성복 코너에서 쇼핑해야 했다. 몸매가 마음에 안 드니 옷을 입는 것도 전혀 즐겁지 않았다.

이것은 정신 건강과 몸을 대하는 태도에 지속적으로 영향을 미쳤다. 거울에 비친 내 몸을 다른 사람들의 시선과 다르게 보았다. 나는 몸집이 작았으면 했다. 여리여리한 몸을 갖고 싶었다. 물론 여성을 외모로 평가하는 경향이 강한 세상에서 자연스러운 감정인지도 모른다.

패션계는 여전히 날씬한 몸매를 추앙하고, 그 기준은 누구도 맞출 수 없을 만큼 높다. 잡지 속 여성들은 포토샵으로 수정한 모습으로 실물과 다른데도, 그 사진을 보는 사람들은 자신이 절대 모델처럼 예뻐질 수 없다고 생각한다. 신체의 신비와 기능에 감사하거나 있는 그대로 받아들이지 않고, 몸을 혹사하며 자신에게 고통을 준다.

가장 나답게 입기

나의 체형을 알아가면서 나 자신도 변했다. 치수를 포함해 자신을 알아가는 것은 아무리 해도 지나치지 않다. 꿈의 캡슐 옷장을 만드는 동안 내 몸에 대해서는 한 번도 생각해본 적이 없다. 다른 사람들이 내게 필요하다고 말한 옷들이 내 몸에 잘 어울리고 기분 좋게 해주기만을 바랐다.

키가 160센티미터도 안 되고 모래시계 같은 몸매인데 운동선수처럼 탄탄한 몸매에 키도 180센티미터가 넘는 사람처럼 보이길 기대해봤자 소용없다는 것을 깨달았다. 내 몸을 인정하는 것부터 시작해서 내가 바라는 몸이 아니라 있는 그대로의 모습에 맞추는 것이 훨씬 유익하고 현실적이다.

나의 체형에 어울리는 옷만 입어야 하는 것은 아니다. 내가 입고 싶은 옷은 뭐든지 입을 수 있다. 하지만 기본적인 규칙을 먼저 알아야 나만의 방식으로 규칙을 깨뜨렸을 때 어색하지 않다.

패션은 다양한 체형을 고려하지 않는다. 패션쇼나 잡지에 나오는 전형적인 모델의 체격에 맞추기 때문에 대다수 사람들에게 맞지 않는다. 하지만 스타일은 패션과 전혀 다르고 어떤 체형이든 수용한다.

스타일에는 정해진 규칙이 없다. 내가 어떤 색과 옷감, 실루엣을 좋아하는지가 중요하다. 어떤 체형에 어떤 옷이 어울리는지, 어떤 피부색에는 어떤 색상의 옷을 입어야 하는지 전문가의 의견을 듣는 것은 괜찮지만, 모든 규칙에서 벗어나 가장 나다운 옷을 입어도 된다.

과감하게 실험적으로 입어도 괜찮다고 생각하자 정해진 방식으로 옷을 입어야 한다는 강박에서 벗어났다. 내게 어울리는 규칙은 받아들이되 그렇지 않은 규칙은 거부했다. 나만의 규칙을 만들었다. 캡슐 옷장은 유행을 타지 않고, 품질 좋고, 세련되기보다 오래 입을 수 있고, 나의 스타일을 표현해줄 매력적인 아이템으로 구성되었다.

검은색 맞춤 바지를 중간 길이의 치마로 바꿨다. 같은 아이템이라도 나를 잘 표현한다는 생각이 들었다. 고급 브랜드를 선택하는 대신 슬로 패션 운동에 걸맞은 친환경 면, 리넨, 빈티지 제품으로 바꿨다. 검정, 흰색, 회색 등 무채색에서 붉은색과 푸른색이 가미된 좀 더 부드러운 톤으로 바꿨다. 옷을 입자마자 편안한 느낌이 들었다. 체형에 전혀 맞지 않는 옷도 입어보고 여러 가지 스타일을 시도하면서 잘못 사기도 했지만, 원래 실패를 통해 배우는 법이다.

기후 위기와 환경 외에도 유행에 따라 빨리 공급하는 패스트 패션의 윤리적 문제를 무시할 수 없다. 제품의 가격은 재료비, 인건비, 폐기물 처리비 등 여러 요소들을 포함해서 정한다. 패스트 패션은 절차를 가능한 건너뛴다. 청바지나 원피스를 싸게 잘 샀다면 누군가가 그 대가를 지급한 것이다. 인건비를 못 받았거나 생산성을 높이기 위해 직원들은 쉬는 시간에 화장실도 못 가고 일했을 수도 있다. 비용이 많이 든다는 이유로 기업이 폐기물을 불법적으로 처리했을 수도 있다. 목적 있는 라이프스타일을 추구하려면 계산대로 향하기 전에 옷이 어떻게 만들어졌는지, 돈이 어디로 흘러가는지 생각해봐야 한다.

나는 옷이 충분하다고 생각했기에 '하나 사면 하나 버리는' 방식을 지켜나갔다. 나한테 굉장히 잘 어울리는 옷이라도 쉽게 사지 않았다. 다음 해에도 그다음 해에도 입을 수 있는 옷만 샀다. 물건이 적을수록 좋다는 규칙을 지키려고 계속 노력했기에 패스트 패션은 염두에 두지 않았다.

이렇게 해서 진정한 내 모습이 빛나게 되었다. 캡슐 옷장은 현재 내 모습과 일상적인 라이프스타일을 반영한다. 나만의 미니멀리즘이 탄생했다.

나만의
미니멀 드레스룸

미니멀 옷장 만들기는 쉽지 않다. 명확한 이유가 있어야 포기하지 않고 계속할 수 있다. 먼저 왜 옷장을 바꾸고 싶은지 생각해보자. 무엇을 얻고자 하는가? 삶을 어떻게 바꾸고 싶은가? 예를 들어 '아침에 옷 입는 것 때문에 스트레스받고 싶지 않다', '고급 부티크에서 쇼핑하는 기분을 느끼고 싶다' 등이 있다. 내가 찾은 이유는 '나에게 만족하고 싶어서'였다.

원하는 스타일 상상해보기

원하는 스타일을 찾는 좋은 방법은 무드 보드(mood board)를 활용하는 것이다. 핀터레스트 같은 웹사이트에서 디지털 무드 보드를 만들 수 있다. 아니면 옛날 방식대로 잡지, 큰 종이, 가위, 풀로 만들어도 된다.

내가 좋아하고 어울릴 것 같다면 뭐든 잘라내서 붙여보자. 이미지를 20~30개 정도 모으고 어떤 점이 좋은지 생각해본다. 색깔이 마음에 드는가, 핏이 좋은가, 아니면 편안해 보이는가? 가능한 구체적인 이유를 생각해보고, 공통적인 주제, 패턴, 색, 소재를 찾아보자.

내 체형을 객관적으로 바라보기

자신의 체형이 사과 모양인지, 삼각형 모양인지, 사각형 모양인지 또는 배 모양인지 알아보자. 체형을 알아야 잘 어울리는 스타일을 알 수 있다. 자신과 체형이 비슷한 유명인을 찾아보는 것도 좋다. 이들은 전문 스타일리스트가 골라준 옷을 입으니 참고하기에 유용하다. 물론 스타일을 자신만의 방식으로 해석할 수 있지만, 기본을 배우는 것은 절대 시간 낭비가 아니다.

반드시 체형에 맞춰 입어야 할 필요는 없으므로 부담을 느끼지 말자. 자신에게 가장 어울린다고 생각하는 스타일로 입으면 된다. 체구가 작은 사람은 오버사이즈를 피하는 것이 좋겠지만, 가끔 배기핏을 입으면 자신감 있고 편안해 보인다. 자신의 몸이 어떤지, 그리고 자신에게 가장 잘 어울리는 것과 그 이유를 알았을 때 자신감을 느끼고 나만의 방식으로 규칙을 깬 것이다.

스타일 가이드 만들기

무드 보드를 사용해서 스타일 가이드를 만든다. 나의 스타일을 보여주는 4가지 색과 키워드 3개를 뽑아본다. 예를 들어 미니멀리즘, 단순한, 중성적, 편안한, 맞춤형 등이 있다. 무드 보드에서 반복되는 스타일을 세 단어로 요약해보자. 때로는 나무를 보느라 숲을 보지 못할 수 있으므로 친구에게 조언을 구하는 것도 좋다.

나에게 어울리는 색 찾기

여러 가지 색을 좋아하면 캡슐 옷장을 만들 수 없거나 미니멀리즘 라이프스타일을 표현할 수 없다고 생각한다. 하지만 전혀 사실이 아니다. 전형적인 캡슐 옷장과 미니멀리즘은 검정, 흰색, 회색이지만, 우리의 목표는 자신만의 독특한 미니멀 옷장을 만드는 것이다.

가장 좋아하는 4가지 색상을 무드 보드에 포함한다. 이 색만으로도 어느 색이나 어울리는 무채색과 다양하게 혼합할 수 있다. 4가지 색상이 너무 제한적이라면 몇 가지 색상에 끌리는지 알아본다. 색상의 수를 제한하지 않아도 되지만, 색상의 수가 적을수록 옷을 조합하기 쉽다. 융통성을 발휘해 옷장 한쪽(10% 정도 공간)에 동떨어진 느낌이 나는 옷만 따로 두어도 좋다.

전부 꺼내놓기

사람들은 보통 자기가 실제 가진 것보다 적게 가졌다고 생각한다. 이 단계에서는 내가 가진 것들을 전부 꺼내서 보는 것이 중요하다. 시간을 정해두고(적어도 오전이나 오후를 전부 비워둔다) 침대 위에 모든 옷가지와 신발, 액세서리를 꺼내놓는다. 하나도 남기지 말고. 옷장과 옷걸이, 여행 가방 속까지 전부 비운다. 내가 뭘 가지고 있는지 속속들이 알아야 올바른 결정을 내릴 수 있다.

간직하고 싶은 것만 다시 갖다 놓기

화재나 홍수 등으로 모든 물건을 잃어버렸다고 가정했을 때 꼭 찾아오고 싶은 것들을 생각해본다. 어떤 물건을 다시 살 것 같은가? 당신의 새로운 스타일과 어울리는 물건은 무엇인가?

확신이 들지 않는 물건을 어떻게 해야 할지 결정하는 방법은 2가지다. 하나는 3개월에서 6개월 정도 물건을 보이지 않는 곳에 두고 그것을 다시 찾는지 본다. 찾지 않는다면 버려도 된다. 다른 방법은 그 물건을 그냥 가지고 있는 것이다. 나는 두 번째 방법이 더 좋았다. 이렇게 하면 마음에 두고 의식하는 연습을 하는 데 도움되고, 매일 옷을 볼 때마다 어떻게 해야 할지 결정하면서 두뇌를 사용하는 습관이 생긴다.

나머지는 팔거나 기부하기

버릴 물건을 세 더미로 나눈다. 지금까지 당신과 집을 지치게 만든 물건들을 새 집으로 보내줄 때가 되었다. 누군가에게 필요 없는 물건이 다른 사람에게는 꼭 필요한 물건일 수 있다. 쓰레기로 버려지기보다 새 주인을 찾아가는 것이 좋다. 인터넷 덕분에 온라인으로 옷을 팔 수 있는 곳도 많다. 옷을 기부하는 것도 방법이다. 요즘은 많은 예술가들이 버려진 물건을 활용해 이상하고 신기한 것들을 만든다. 페이스북은 판매뿐 아니라 '무료 나눔'을 하기에도 좋다. 그렇게 하고도 남은 물건은 안타깝지만 쓰레기장으로 보내야 하는데, 일단 재활용이나 재사용이 가능한지 먼저 확인한다.

라이프스타일과 의상 공식

적은 옷으로 얼마든지 연출할 수 있다. 스타일 가이드를 사용해서 라이프스타일에 맞춰 자신에게 어울리는 두세 가지 의상 공식을 만들 수 있다. 원피스에 운동화와 재킷을 매치하거나 청바지에 스웨터를 맞춰 입는 것이다. 일단 의상 공식을 결정하면 다른 조합을 만들어낼 수 있다. 예를 들어 긴 원피스 두 벌, 운동화 두 켤레, 재킷 두 벌이 있으면 12가지 스타일을 조합할 수 있다. 모든 것은 서로 보완하기 때문에 가능하다. 다른 의상을 고르는 시간을 대폭 줄이고, 특히 처음 정한 색상을 지키면 더 효과적이다.

1년 뒤에도
입을 것들만
남기기

준비를 잘해두면 힘든 일도 훨씬 쉬워지는 법이다. 자신의 스타일에 어울리는 물건인지 생각해보고 다음과 같은 질문을 해본다. 다시 살 것 같은 옷인가? 1년 후에 이 옷을 입을 것인가? 여기에 따라 결정을 내릴 수 있다.

돈이 아깝다고 버리지 않으면 보관비만 나간다

잡동사니에 불과한 물건을 버리지 못하는 가장 큰 이유는 돈이 아깝다는 생각 때문이다. 물건을 버리는 것은 돈 낭비와 같다는 것이다. 그러한 죄책감 때문에 옷장, 집, 삶에 물건이 넘쳐난다. 가고 싶지 않은 콘서트라도 이왕 티켓을 끊었으니 가지 않으면 돈 낭비라고 생각하는 것과 같다. 이것은 자신을 위한 일이 아니다.

일단 물건을 사느라 쓴 돈은 이미 사라졌다. 물건을 버리지 않고 계속 가지고 있어야 낭비가 아니라는 생각은 잘못되었다. 후회에 대한 자동반사적 반응과 투자에 대한 수익을 기대하는 마음 때문에, 물건을 남겨둬야 한다는 심리적 덫에 걸리게 된다. 이것은 비합리적인 사고방식이다. 집과 마음과 옷장을 위해 이미 돈을 썼다는 사실을 깨달아야 한다. 이미 쓴 돈을 다시 찾을 방법은 없다.

사용하지 않거나 우리를 행복하게 하지 않는 물건을 남겨둔다고 해서 돈을 다시 찾을 수는 없다. 실수로 산 물건들에 둘러싸여 있다는 정신적 부담까지 안게 된다. 이사하면서 옮기는 데 필요한 노력, 보관하는 데 필요한 공간과 비용을 생각해보자. 물건을 버리면 더 많은 것을 얻을 수 있다. 나에게 불필요한 물건은 가지고 있는 것보다 팔거나 기부하는 것이 더 가치 있다.

충동구매하지 않기

자신의 옷장에 부족한 것이 무엇인지 찾아서 목록을 만든다. 까치 증후군(magpie syndrome, 즉각적인 관심을 끄는 것에 매력을 느끼는 현상) 때문에 일탈하지 않도록 목록을 항상 가지고 다닌다. 무엇보다 서두르지 않아야 한다. 물건은 적게, 계획은 많이 세우며 살아가는 방법을 배우면 시간이 지남에 따라 그 차이는 더욱 명확해질 것이다.

얼마나 자주 입을지를 생각하자

돈을 더 쓸 만한 물건이 있고 아껴야 할 물건이 있지만 가능하면 패스트 패션은 피하고 감당할 수 있는 수준에서 가장 좋은 물건을 산다. 빚을 내면서까지 살 필요는 없다. 돈을 모아서 그 물건을 사면 훨씬 더 감사하고 만끽하게 된다. 그럴 형편이 되지 않으면 좀 더 저렴한 물건을 찾거나 품질 좋은 중고품을 산다. 잘 만든 옷은 비싸지만, 엄청나게 비쌀 필요는 없다.

- 돈을 쓸 만한 것 – 신발, 액세서리, 청바지, 코트, 맞춤 상품
- 돈을 아껴야 할 것 – 유행하는 물건, 가격과 상관없이 변색되기 쉬운 흰색 물건, 기본 티셔츠

유행은 변하게 마련이기에 투자할 가치가 없다. 하지만 마음에 드는 유행을 따라 즐겨보자. 의무적으로 하지 말고 하고 싶을 때만 하자. 유행하는 물건은 착용 횟수당 가격 원칙을 생각하자. 물건의 가격을 실제 착용할 횟수로 나누는 것이다. 착용 횟수당 한도 가격은 마음대로 결정하지만, 옷장에 얼마나 오래 가지고 있을지 예상 기간을 고려하자.

계절이 바뀔 때마다 사고 싶은 마음 억누르기
쇼핑할 시간을 줄이는 방법은 계절이 바뀔 때만 하는 것이다. 봄, 여름, 가을, 겨울이 돌아오면 옷장을 검사하고 어떻게 바꿀지 결정한다. 옷장을 너무 가득 채우고 싶지 않아서 '하나 사면 하나

버리기'를 지키려 했지만, 적을수록 좋아서 요즘은 더 채우고 싶은 마음이 들지 않는다. 여름과 겨울에 더 많이 사는 편이고, 봄과 가을에는 조금 보충하거나 변화를 주는 정도이다. 평소에는 쇼핑을 전혀 하지 않고, 옷장을 원래 역할대로 충분히 활용한다.

완벽할 필요 없다

완벽한 옷장을 만들려는 유혹에 빠지지 말자. 완벽한 옷장은 없다. 옷장을 정리하고 구성하는 데 집착하다 보면 스트레스를 받게된다. 흔히 내면 세계가 혼란스러울 때 외부 세계에서 질서를 찾게마련이다. 불완전함에 만족하는 법을 배우는 것이 훨씬 현실적이고 만족스럽다.

옷장 정리 규칙 중 삶의 다른 부분에 적용할 수 있는 몇 개라도 발견했는가? 계획적인 삶에 한계는 없다. 그것이 계획적인 삶의 장점이다. 주방용품, 가구, 원예용품에도 적용할 수 있으며, 계절의 변화와 지속 가능성을 늘 염두에 두고 계획적으로 실행한다면 돈과 관련한 결정은 훨씬 쉽게 내릴 수 있다.

편해 보이면서도
스타일리시한 셋업

오랫동안 나만의 옷장을 계속 유지하려면 감정과 실용성이 결합되어야 한다. 이것이 나만의 옷장을 찾는 방법이다.

1년 동안 대부분의 하루를 어떻게 보내는지 깊이 생각해보자. 며칠, 몇 주, 몇 개월을 어떻게 보냈는지 모를 것이다. 하지만 이제 주의를 기울이고 집중해야 할 때다. 꿈의 옷장을 가진다 한들 실제 생활에 어울리지 않으면 소용없다.

용도에 맞는 옷이 필요한 상황을 적어두고, 파티용 드레스를 입고 강아지 산책을 시키는 일이 없도록 하자. 1년간 입을 옷을 미리 파악해보는 것이다. 1년이 너무 길다면 지금부터 6개월간을 생각해보자. 취미 생활에 필요한 옷까지 계획할 필요 없다.

예시 : 매일 재택근무, 장보기, 강아지 산책, 외식, 영화 보기

좋아하지 않지만 장소에 맞는 의상이 꼭 필요한 일도 잊지 않는다.

예시 : 결혼식, 교류 행사, 기념일

다음의 원그래프에 어떤 활동을 했는지 채워본다. 매일 하는 활

동과 거기에 필요한 시간에 따라 그래프를 나눈다.

　라이프스타일 분석 그래프를 완성하면 실제 생활을 기반으로 옷장에 무엇이 필요한지 시각적으로 보게 된다. 이제 다음 그래프를 대략 나눠서 현재 옷장에 반영해보자.

　예시 : 작업복, 재택근무용 옷, 일상복, 정장

　현재 가지고 있는 옷이 자신의 일과 연관되는가? 우리의 목표는 이 2가지를 결합하는 것이다.

나만의 더 단순하고 계획적인 옷장은 어떤 느낌인지 적어보자.

NOTES

_____

_____

_____

_____

_____

_____

_____

_____

_____

_____

_____

_____

_____

_____

_____

Simple House

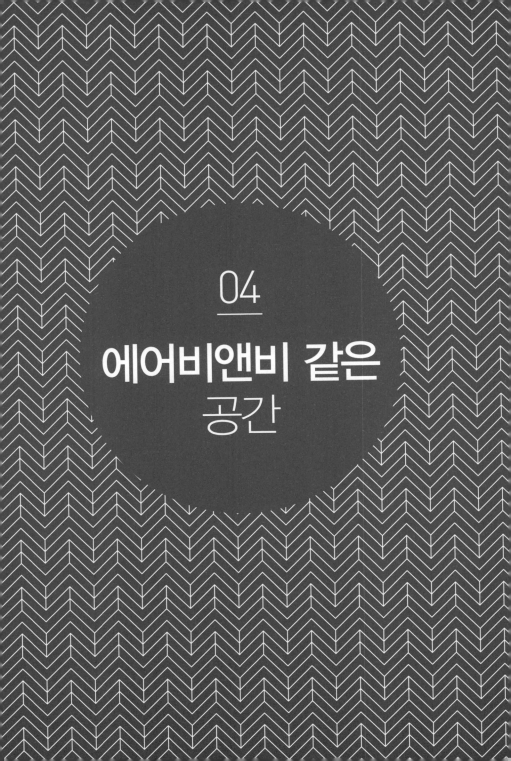

04

에어비앤비 같은 공간

삶을
바꾸고 싶다면
집부터 바꿔라

집만 한 곳이 없다. 나는 집에 있는 게 너무 좋다. 내 집의 냄새, 소리, 느낌보다 더 좋은 것은 없다. 어린 시절 나는 소파에 다리를 꼬고 앉아 무릎에 엄마가 보던 카탈로그를 펼쳐놓고 언젠가 내 집을 어떻게 꾸밀지 상상하곤 했다.

맘에 드는 사진이 있는 페이지의 모서리를 접어놓고 주문하고 싶은 것들을 주문서에 적어보기도 했다. 좋아하는 색으로 가득 찬 방과 행복한 느낌을 주는 아름다운 소품들과 패턴, 영원히 간직하고 싶은 가구를 상상해봤다.

마침내 그날이 왔고 첫 집의 열쇠를 손에 쥐었을 때 마음껏 인테리어를 할 수 있게 됐다. 집 인테리어라고 다르지 않을 거라고 생각했다. 다양한 색상과 가구, 예술작품으로 꾸미고 싶었다.

인테리어도 옷장을 구성하는 방식과 비슷했다. 항상 다른 사람들의 스타일을 따라 했고, 내가 진짜 좋아하는 스타일이 뭔지 몰랐다. 집에는 모름지기 물건이 많아야 한다고 생각했고, 실제로 그랬다. 내가 그 물건을 좋아하는지, 내가 잘 사용할지 생각해본 적이 없다.

결국 의미 없는 물건과 필요 없는 물건이 가득했다. 잡동사니가 넘쳐흐르는 집은 항상 정리가 안 되어 있는 것 같았다. 늘 할 일이 많았고 물건을 치우거나 청소에 시달렸다. 마치 집이 제대로 숨을 쉬지 못하는 느낌이었다. 거의 쓰러지기 직전까지 집을 정리하고 나서야 깨달았다. 옷장과 마찬가지로 집에도 물건이 적을수록 좋다.

집은 삶의 배경이자 가장 은밀하고 행복한 순간이 벌어지는 무대이다. 집의 분위기를 바꾸는 데는 생각해야 할 것도 많고 시간도 많이 걸린다. 문을 열고 들어갔을 때 포근하게 안아주는 느낌을 주는 집을 꼭 인테리어 디자이너만 만들 수 있는 것은 아니다. 신중하게 천천히 해나가면 나도 얼마든지 할 수 있다.

예전에 나는 다른 사람들에게 인테리어에 대한 조언을 구했다. 벽지, 커튼, 가구 사진을 계속 보내면서 '이건 어떠냐고' 물었다. 내 의견이 가장 중요하다는 것을 깨닫지 못했다. 내가 원하는 답을 얻을 때까지 끊임없이 물어봤다. 내 안에 이미 답이 있는데도 말이다.

단순한 슬로 라이프의 여정을 시작했을 때 나는 도시 외곽에 1990년대에 지은 방 3개짜리 집에 살고 있었다. 주위의 모든 집들이 비슷하게 생겼다. 제1차세계대전 이전에 지어진 시골집에서 살아봤지만, 도로변에 있는 집을 고르는 실수를 저질렀다. 20분마다 쉭 하고 지나가는 버스 소리가 너무 참기 힘들어서 몇 달 만에 이사했다. 내가 꿈꾸던 집은 아니었지만, 크게 관리할 일이 없고 넓은 데다 가격이 적당했다. 최소한으로 변화를 주자 옷장이 그랬던 것처럼 개성이 부족했다.

쓰지 않는 물건이 이렇게 많다니

미니멀리즘 스타일에 맞추려다 보니 모든 것이 검정, 흰색 또는 회색이었다. 주위에 잡동사니는커녕 아무것도 남지 않았다. 벽은 아트 갤러리보다 휑했다. 우리 집을 처음 방문한 사람은 모두 이제 막 이사 왔느냐고 물었다. 미니멀리즘을 너무 지나치게 적용했다.

백지 상태를 만들어놨으니 나만의 공간에서 나에게 어울리는 것, 나의 본모습, 내가 좋아하는 것과 하고 싶은 것에만 몰입할 수 있었다. 미니멀리즘 인테리어가 매력적으로 느껴졌다. 물건들을 대부분 정리하고도 남아 있는 물건들이 거슬렸다. 나는 완전히 새로운 미니멀리즘을 원했다.

집을 단순화하는 것과 옷장을 단순화하는 것에는 한 가지 큰 차이가 있었다. 집은 다른 사람들과 함께 사용해야 한다는 점이다(혼자 사는 게 아니라면). 같이 사는 사람들과 생각이 같지 않으면 갈등이 생길 수밖에 없다. 남편은 내가 제정신이 아니라고 생각했다. 서로

"내가 제일 잘 아니까 그냥 내 말대로 해보자"라고 우겼다. 남편이 사용하지 않고 좋아하지도 않는 물건을 버리고 싶은 충동이 일기도 했다. 하지만 그렇게 하면 문제가 심각해진다.

이 문제를 해결할 유일한 방법은 선을 지키는 것이다. 절대 다른 사람의 물건을 정리하거나 자신의 방법을 강요하면 안 된다. 강요하는 순간 갈등이 생긴다. 당신의 사고방식을 따르더라도 상대가 원해야 한다. 자신의 물건에만 초점을 맞추고 실천하면서 배운 것을 공유하면 정리가 얼마나 전염성이 강한지 알게 된다.

정리된 내 옷장과 물건이 줄어든 집이 훨씬 좋아 보이고 기분도 좋아진다는 것을 느낀 남편은 자기 물건도 정리하는 것을 도와달라고 부탁했다. 미학적인 부분에서 의견 충돌이 있었는데, 알고 보니 남편은 미니멀한 덴마크 스타일을 좋아했다. 내 취향과는 전혀 달랐다.

인테리어 스타일을 파악한 다음 옷장 스타일을 함께 확인했다. 여러 가지 스타일을 시도해보고 본능에 귀 기울일수록 나 자신과 내 취향을 알게 됐다. 집에는 여전히 잡동사니가 없었지만 이전보다 훨씬 관대하게 접근했다. 최소한의 물건만 두는 것이 아니라 유용하고, 아름답고, 의미 있는 물건으로 집을 채웠다.

곤도 마리에의 방식을 집에 적용했을 때 무엇이 즐거움을 가져다주는지 알게 되었다. 처음에는 어려웠지만, 내가 좋아하는 물건과 남겨야 할 물건을 비교할 수 있었다. 남겨야 할 물건은 의심할 여지 없이 내가 사랑하는 물건이다. 이 물건을 기준으로 다른 모든 물건들을 비교했다. 내가 가지고 있던 물건을 거의 좋아하지 않는 줄은 미처 몰랐다. 정말 충격적이었다.

이후로 속도가 빨라졌다. 두려웠던 것 같기도 하다. 애써 산 물건이 사실은 좋아하지도 않는 것이었다니 말이다. 방향을 잃은 것 같았고, 진정한 나만의 스타일을 간절히 찾고 싶었다.

시간을 두고 천천히 자신을 알아간 다음에 진정으로 원하는 스타일을 찾으면 좋을 것이다. 서둘러 결정하지 않아도 되는 일이니 너무 부담 가질 필요 없다. 자기 발견은 복잡한 과정이고 자신에 대한 믿음이 필요한 만큼 천천히 진행할수록 좋다.

마침내 내 스타일을 확인하고 나서 방 3개짜리 단독주택에서 규모를 줄여 피크 지구에 있는 작은 마을로 이사하기로 했다. 적당한 집을 찾기는 쉽지 않았다. 생각보다 시간이 걸리고 인내심이 필요했지만, 결국 우리에게 딱 맞는 집을 찾았다. 미니멀리스트이지만 고풍스러운 건물을 좋아해도 괜찮다고, 대비되는 모습이 멋질 거라고 스스로 위안했다.

즐거운 나의
심플 하우스

막상 이사한 집으로 들어가자 또 다른 리셋 버튼을 눌렀다. 이번에는 천천히 장식하고 정리하고 구성하기로 마음먹었다. 물건은 적더라도 더 나은 방식으로 살아가기로 했다. 미니멀리즘 인테리어 스타일을 적용해가면서 함께 나눌 만한 실용적인 팁과 요령을 많이 배웠다. 온갖 역경과 우여곡절과 성공과 실패를 겪은 후에 단순하면서도 나에게 충분한 집을 만들고 유지하는 방식을 알아냈다.

오래전부터 꿈꾸던 집의 모습 그려보기

자신의 인테리어 스타일을 본능적으로 아는 사람들이 있다. 그들은 자신이 좋아하는 것, 좋아하지 않는 것, 방을 어떻게 꾸미고 싶은지를 알고 있다. 하지만 그렇지 않은 사람도 있다. 재능이 뛰어난 인테리어 디자이너도 페인트칠을 하려고 붓을 잡거나 가구를 사들이기 전에 무드 보드를 만든다.

이상적인 집을 마음속에 그릴 때, 옷장에서 영감을 얻었다. 입기 편하면 살기에도 편할 거라고 생각했다. 물론 이 말이 모든 사람에게 적용되는 것은 아니다. 일단 시도해보고 자신에게 맞지 않더라도 괜찮다. 입어서 편한 것과 살기에 편한 것은 전혀 다를 수 있다.

스타일 보드 만들기

내가 가장 좋아하는 인테리어 스타일을 찾는 방법이다. 시간이 걸리더라도 나만의 스타일 보드를 구성하면 결과적으로 시간은 물론 고민도 줄어든다. 여기서부터 꿈꾸고, 구조를 정하고, 나에게 맞지 않는 것을 중단할 수 있다.

충분히 시간을 두고 서두르지 말자. 발품을 많이 팔수록 직감이 효과를 발휘한다. 본격적으로 인테리어 작업을 시작할 때 훨씬 쉽고 실수도 적다. 서두를 필요 없다. 이 과정은 멋지고 창의적인 활동이며, 자신을 내려놓을수록 더 많은 것을 얻을 수 있다.

1단계 – 내가 좋아하는 것이 무엇인지 생각한다

좋아하는 것이 무엇인지 생각해본다. 당신의 옷장을 보고 좋아하는 옷 색깔과 질감, 그 옷을 좋아하는 이유를 생각해보는 것과 같다. 인스타그램에서 맘껏 '좋아요'를 누르거나 저장해서 자신의 스타일을 찾아보자. 자신에게 어울리는 것이 무엇인지 생각하면서, 자신을 행복하게 해주는 이미지나 물건을 검색해보자.

2단계 – 느낌대로 좋아하는 사진을 붙인다

나는 스타일을 창조하는 과정 중 이 단계를 좋아한다. 초를 켜고 타이머를 맞추고 차를 준비한다. 식탁에 앉아 노트북을 앞에 두고 사소한 감정을 따라가 본다.

나만의 스타일 보드를 새로 만들고 다른 사람들의 의견은 한쪽으로 치워둔다. 다른 사람의 평가를 받지 않는 나만을 위한 일이기에 저장할 이미지도 확연히 달라진다. 이제 다른 사람은 잊고 자신이 원하는 것을 찾아보자.

내가 원하는 인테리어 이미지를 찾는다. 느낌이 오는 이미지를 발견하면 스타일 보드에 마음껏 붙인다. 정리는 다음 단계에서 하면 된다. 완성됐다는 생각이 들면 노트북을 내려놓고 다른 일을 하면서 머릿속을 비운다. 차를 마시거나 강아지 산책을 시키거나 TV를 본다. 그리고 나서 다시 돌아와 편집자 모드에 들어간다.

정말 살고 싶은 집을 상상하는 동시에 현재 살고 있는 집과 균형을 잡아야 한다. 방 3개에 테라스가 딸린 집이 스칸디나비아 숲속의 유리 오두막집으로 바뀔 일은 절대 없다.

3단계 – 좋아하는 사진 50개를 추린다

이것은 일종의 브레인스토밍이다. 준비운동이라고 할 수도 있다. 우리는 직감을 활용해서 초안을 작성했다. 당장은 깔끔해 보이지 않고, 나의 스타일을 찾아내지 못해도 괜찮다. 곧 모든 것이 명확해진다.

이미지를 훑어보면서 50개 이하로 줄인다. 어울리지 않는 것과 마음에 와 닿지 않는 것은 모두 제외한다. 최고만, 느낌이 오는 이미지만 남긴다.

탈락한 이미지는 '꿈의 인테리어' 또는 '좋아하는 것들'이라고 이름 붙여 따로 보드를 만들어도 좋고, 그냥 삭제해도 된다.

마지막으로, 최종 후보 목록을 만들었으니 다시 한 번 이미지들을 훑어보면서 현재 살고 있는 집에 어울리지 않는 것들을 제거한다.

반드시 현실적이어야 한다. 그렇지 않으면 실패한다. 이미 가지고 있는 것을 활용하면 훨씬 쉽다.

4단계 – 내가 선택한 이유를 생각한다

마지막 단계에서는 조금 더 깊이 파헤쳐야 한다. 원하면 한 번 더 쉬어가도 좋다. 서두르지 않아도 된다. 최종 후보 50개를 천천히 살펴보면서(50개 미만이어도 괜찮다) 그것들을 선택한 이유를 생각해본다. 어떤 의미가 있기에 최종 선택이 되었는지 곰곰이 생각해본다. 벽 색깔 때문인가? 소파 때문인가? 그냥 느낌 때문인가?(그렇다면 어떤 느낌인가?) 책장이 배치된 방식 때문인가?

스타일 보드는 다른 사람들에게 보여주지 않아도 되고, 선택한 이유를 찾기 위해 일부 이미지를 바꿔도 된다.

보드를 바탕으로 자신만의 인테리어 디자인을 정의하는 3가지 키워드를 결정한다. 내 키워드는 '스칸디', '미니멀', '단순한'이다. 선택한 키워드가 적당하다고 생각될 때까지 시간을 갖자.

특징을 이루는 색상과 좋아하는 색상을 적어두자. 주제가 반복되는가? 이유가 무엇인가? 색상에 대해 더 알아보자.

이 과정은 스타일이 바뀔 때마다 반복할 수 있다.

집을 정리하는 2가지 방법

미니멀 옷장을 만들 때와 같은 방식으로 물건을 모두 정리하기 전에 꿈꾸던 스타일을 만들고 싶었다. 집에 있는 모든 물건들이 정신적 감정적 웰빙에 영향을 미친다. 물건이 많을수록 공간이 더 어수선하고 무거워진다. 잡동사니가 가득하면 물건이 숨 쉴 공간이 없고 전혀 특별해 보이지 않는다.

아트 갤러리를 생각해보자. 걸작은 다른 작품들에 밀리지 않고, 충분히 감상하고 감탄할 수 있는 공간에 세심하게 배치한다. 소유한 물건들은 모두 존중받을 자격이 있다.

공간을 장식하거나 스타일링하기 전에 반드시 정리부터 해야 한다. 윌리엄 모리스가 말했듯이 "유용한지 모르겠거나 아름답다고 생각되지 않는 것은 집에 두지 않는다."

집을 정리하는 2가지 방법이 있다. 첫 번째는 죽을힘을 다해 한 번에 전부 정리하는 것이다. 물건을 모아두는 성향에 따라 몇 주가 걸릴 수 있지만, 전 세계가 사랑한 곤도 마리에의 방식이다.

두 번째는 천천히 시간을 들여 정리하는 것이다. 이것은 눈앞에 닥친 일에 쉽게 압도되는 사람에게 적당한 방법이다. 정리할 시간이 많지 않은 매우 바쁜 사람들에게도 적절한 방식이다. 그러나 정리는 시간을 돌려주는 일이라는 점을 알아야 한다.

처음에는 시간과 노력이 필요하지만 일단 끝내고 나면 보상이 따른다. 정리된 집을 청소할 때는 정리 안 된 집을 청소할 때보다 시간이 훨씬 적게 든다. 산더미처럼 쌓인 더미에서 물건을 찾는 시간도 절약할 수 있다. 잡동사니가 없는 집에서 사는 단점은 전혀 없다.

집을 정리할 때 필요한 3가지 질문이 있다.

첫째, 이 물건을 좋아하는가?

사람은 둘째치고 세상에서 가장 사랑하는 물건을 생각해보자. 예를 들어 가장 좋아하는 옷일 수도 있다. 눈을 감고 그 옷을 입었을 때 어떤 기분일지 생각해보자. 눈앞에 있는 물건을 보고 어떤 느낌이 드는지 알아보자.

둘째, 언제 마지막으로 사용했는가?

1년 이상 사용하지 않은 물건이라면 앞으로도 사용하지 않을 확률이 높다. 이 부분이 개인적으로 가장 힘들었지만, 확실한 경계선을 두고 극복했다. 오랫동안 사용하지 않다가 버리고 나서 후회한 물건이 있는지 생각해봤는데, 하나도 없었다.

셋째, 이 물건이 어떻게 가치를 더했는가?

물건은 어떤 목적이나 느낌을 불러일으키며 삶에 가치를 더할 수 있다. 예를 들어 책은 교육하기 위한 목적이 있고, 사랑하는 사람의 사진은 추억을 불러오고, 향초는 포근한 느낌과 좋아하는 향을 선사한다. 물건의 목적과 물건이 더하는 가치를 신중하게 고려하자.

반드시 버려야 할 물건

똑같은 물건

한 가지 종류의 물건이 몇 개나 필요할까? 보통 하나면 충분하지만, 자신에게 맞는 방식을 선택하자. 나는 나무 숟가락과 일기장, 노트를 여러 개 놓아둔다. 같은 종류의 물건은 모두 버리고 딱 하나만 남겨두는 것이 핵심이 아니다. 얼마나 가지고 있고 어떤 계획을 가지고 있는지가 핵심이다. 손님이 많아봐야 여섯 명이 넘지 않는데, 접시를 스무 벌이나 가지고 있으면서 소중한 수납 공간을 낭비하지 말자.

유통기한이 지난 물건

유통기한이 지난 물건이 얼마나 많은지 알고 놀라게 된다. 화장품은 유통기한이 6개월에서 2년 정도이며, 선크림은 18개월, 치약도 유통기한이 있다. 항상 물건의 유통기한을 확인하고 지난 것들은 버리자.

포장지

포장 상자가 필요한 경우는 거의 없다. 포장 상자가 있으면 물건을 중고로 팔 때 값을 더 받을 수 있다고 한다. 하지만 모든 포장 상자는 버리는 습관을 갖자. 포장재는 아무런 가치도 없으면서 공간만 차지한다. 포장 상자가 차지하던 공간을 누리자.

유효기간이 지난 문서

유효기간이 지난 보험증서, 세금 명세서, 입출금 명세서는 집에서 차지하는 공간에 비해 가치가 거의 없다. 꼭 필요한 문서는 모두 스캔해서 보관하면 종이가 몇 장 남지 않을 것이다. 스캐너는 최고의 물건이다. 디지털 정리는 물리적 정리만큼 부담스럽지 않기 때문에 좀 더 여유를 가지고 신중하게 진행할 수 있다. 모든 문서를 디지털화하기로 했다면 외장 하드나 클라우드에 반드시 백업한다.

선물

우리는 사랑의 표식으로 선물을 주고받는다. 따라서 선물을 거부하거나 버리기 어렵다. 다른 사람의 애정이나 사랑의 표현을 거부하면 죄책감이 들 것이다. 하지만 집은 나만의 공간이다. 어떤 것을 허용할지 거부할지는 내가 결정한다. 삶의 조건을 결정해도 되고 나에게 필요한 것을 우선적으로 생각한다.

선물을 받으면 원하지 않거나 필요하지 않은 잡동사니가 산더미처럼 쌓이게 된다. 처음에는 힘들 수 있지만 선물을 주지 않아도 된다고 선언하면, 결국 선물이 줄어든다. 물질적인 선물보다 경험이나 자선활동과 같이 비물질적인 선물을 좋아한다고 말할 수도 있다. 물론 균형이 필요하다. 원하지도 않고 필요하지도 않은 물건을 위해 집 안의 공간을 희생하지 말자.

1년 이상 사용하지 않은 물건

1년 이상 사용하지 않은 물건이 많을 것이다. 옷장에 적용했던 규칙을 집에도 적용한다. 1년 이상 사용하지 않은 물건이라면 앞으로도 사용하지 않을 확률이 높다. 물건이 제공하는 서비스에 고마워하고 버리기 전에 언제 이 물건들을 사용하게 될지 자신과 솔직한 대화를 나눠보자.

지금이라면 다시 사지 않을 물건

어떤 물건을 지금 다시 살지 자신에게 물어보면 내가 그 물건을 얼마나 좋아하는지, 그 물건이 얼마나 유용한지 알 수 있다. 지금 사지 않을 물건이라면 왜 우리 집에서 공간을 차지해야 하는가? 최고의 물건만 간직하기 위해 소중한 공간을 남기자.

버릴 물건 처리하는 방법

- 전자제품 – 자선 상점에 먼저 물어보고 가져가지 않겠다고 하면 폐기물로 처리한다.
- 가치 있는 물건 – 페이스북이나 이베이에서 판다.
- 다른 용도로 사용할 수 있는 물건 – 이것을 핑계 삼아 물건을 모으지 말자. 오래된 티셔츠를 걸레로 사용하는 정도는 좋지만, 오래된 화분을 가지고 있는 것은 물건을 더 모으는 일일 뿐이다.
- 기타 – 쓰레기 매립지

딱 있어야 할 것들만 놓아두기

가치가 없거나 신체적으로 정신적으로 부담을 주는 모든 물건을 처리했다. 이제 인생에서 가지고 있기로 선택한 물건들을 다시 구성하고 편집할 준비가 되었다.

집의 재구성

하얀 도화지에서 새로 그리기

모든 것을 하얗게 칠한다. 이 단계에서는 비싼 페인트를 쓰지 말고 독성이 없는 페인트를 사용한다. 새로운 백지 상태를 좋아할 수도 있고 원래대로 유지하고 싶을 수도 있다. 전부 흰색으로 칠한 집에서 수년간 살면서 좋았을 수도 있지만, 새로운 시작이라고 생각하자.

내 삶은 어떤 색인가?

흥미로운 컬러 팔레트를 만들려면 최소 3가지 색상이 필요하고 원하는 만큼 중간색을 포함할 수 있다. 6개의 주요 색상과 2개의 포인트 색상으로 컬러 팔레트를 구성할 수 있다. 한두 가지 금속성 색상으로 마무리해도 좋다.

예를 들어 내 퍼스널 컬러는 옅은 황백색, 다홍색, 회록색, 회색, 연한 갈색, 밝은 리넨 색이다. 좋아하는 금속성 색상은 구리와 황동색이다.

일단 전형적인 규칙을 배우고 나서 어울리는 규칙은 취하고 어울리지 않는 규칙은 버린다. 다른 사람의 말에 연연하지 마라. 당신에게 가장 적당한 방식이 항상 옳다.

5성급 호텔의 향기

시각, 청각, 후각, 미각, 촉각은 공간을 경험하는 방식이다. 보통 시각에 초점을 맞추는 경향이 있지만 다른 감각도 놓치면 안 된다. 단순한 향이 나는 초를 켜면 집이 금세 5성급 호텔처럼 느껴진다. 감각을 즐겁게 할 모든 방법을 찾아보자. 물소리를 좋아하는가? 딱딱한 나무 바닥 위를 지나는 슬리퍼 소리를 좋아하는가? 상쾌한 여름 꽃이나 감미로운 화초 향은 어떤가?

부드럽게 감싸는 촉감

면, 울, 리넨, 벨벳, 실크 등 천연 소재를 마음껏 사용하자. 다양한 소재는 잡동사니 없는 공간을 편안하게 만든다. 천연 소재는 독성 물질이 없고 입을수록 좋아지며 재활용하기도 쉽다.

돈을 써야 할 곳과 아껴야 할 곳

많이 사용하는 가구에는 돈을 아끼지 않아야 한다. 좋은 소파는 잘 관리하면 오래가고 지겨워질 때쯤 천갈이하면 된다. 인생의 1/3이 잠자는 시간이니 침대도 투자할 만하다. 액세서리나 사이드 테이블처럼 적게 사용하는 물건에는 돈을 아낀다.

마음이 차분해지는 조명

집에서 공간 다음으로 가장 중요한 것이 조명이다. 좋은 조명이 공간과 웰빙에 미치는 영향을 과소평가하기 쉽다. 불이 켜진 거실과 아늑한 카페의 느낌을 비교해보자. 조명은 방의 분위기에 큰 영향을 미친다. 너무 밝으면 수술실 조명과 다를 게 없다. 편안한 안식처가 되어야 할 곳에 절대 어울리지 않는다.

분위기를 연출하려면 특정 부분에 빛을 비추는 낮은 등이 좋다. 예를 들어 앉아서 책을 읽고 싶은 의자나 소파 코너에 조명을 비춘다.

있어야 할 곳에 놓아두기

소재, 카테고리, 크기, 색상에 따라 정리한다. 책이 놓여야 할 장소가 있듯이, 옷이 놓여야 할 장소가 있다. 이것이 집에서 질서를 유지하는 가장 쉽고 간단한 방법이다. 모든 물건은 제자리에 있어야 한다. 장소를 정하고 나면 다시 정리하느라 힘들지 않다.

모든 물건을 어디에 놓아야 할지는 실행 계획의 문제다. 시험 삼아 해보되 핀터레스트나 잡지의 덫에 빠지지 말자. 그런 사진은 모두 정교하게 스타일링된 것이고, 실제 사람이 사는 공간도 아니다. 잡지에 싣기 위해 집을 촬영하고 나서야 카메라에 비치지 않은 곳이 얼마나 어질러져 있는지 깨달았다. 당신의 집은 당신 것이지 핀터레스트 보드가 아니다.

단순한 집은 모든 물건이 제자리에 놓여 있다. '이 물건이 어디에 있지?'라고 생각하지 않아도 되기 때문에 훨씬 쉽게 정리 정돈할 수 있다.

욕실, 작은 물건들을 진열하지 마라

스파 같은 욕실을 꿈꾼다면 찬장이나 선반에 물건이 많아서는 안 된다. 재스민이나 유칼립투스 향이 나는 넓고 단순한 욕실을 생각할 것이다. 보통 욕실은 집에서 가장 작은 방이지만 물건을 줄이는 것만으로 스파 느낌을 낼 수 있다.

화장품도 유통기한이 있다. 유통기한이 지난 화장품에 쌓이는 박테리아는 너무 징그러워서 눈에 보인다면 아마 절대 얼굴에 바르지 않을 것이다. 공간을 차지할 뿐 아니라 피부에 악영향을 미치는 불필요한 잡동사니를 얼마나 많이 모으고 있었는지 깨닫고 깜짝 놀랄지도 모른다. 말라버린 매니큐어와 녹슨 면도기도 마찬가지다. 가치를 더하지 않는 물건이 소중한 공간을 차지하면 안 된다.

샘플과 반만 사용한 제품도 정리한다. 사용하지 않는다면, 이미 돈은 써버렸고 공간만 차지한다. 호텔에서 사용할 만한 물건은 여행용 키트에 넣어두고 나머지는 버린다.

몹시 더운 기후만 아니면 욕실은 모든 화장품과 뷰티 및 헤어 제품을 저장하기에 가장 좋은 장소다.

화장품, 많을 필요 없다

나는 예전에 스킨케어를 믿으며 완벽한 피부를 추구했다. 얼굴에 화장품을 너무 많이 발랐고, 화장품은 비쌀수록 좋다고 믿었다. 하지만 얼굴을 너무 자극한 나머지 만성 피지선 염증이 생겼다. 피부과 의사는 많이 바른다고 피부에 좋은 것이 아니며, 필요한 성분은 몇 개에 불과하다고 했다. 필요한 성분은 부드러운(이왕이면 향이 없는) 클렌저, 비타민C, 레티놀 또는 비타민A, 자외선 차단제(SPF)다. 뷰티 산업은 우리에게 필요한 것보다 훨씬 더 많은 것이 필요하다고 설득하면서 성장했다.

부엌, 불필요한 조리기구는 버려라

부엌에서 실제로 무엇을 하는지, 무엇을 요리하고 얼마나 자주 하는지 생각해보자. 믹서와 블렌더, 모든 프라이팬을 마지막으로 사용한 게 언제인가? 자신의 습관을 정확히 알고 자신이 대단한 요리사가 아니라는 사실에 부끄러워하지 말자. 유통기한이 지난 모든 식품을 버린다.

서재, 종이서류는 버려라

작업실에 있는 잡동사니를 과감하게 줄이자. 문서 날짜를 확인하고 세금이나 보험 관련 증서 중 가장 최근에 발행된 유효한 문서만 보관하자.

침실, 수면에 필요한 것만 남겨라

나는 침실을 집의 심장으로 여긴다. 침실은 내가 세상에서 제일 좋아하는 방이며 가장 단순한 방이다. 침실에는 침대, 옷걸이, 책 몇 권, 서랍장 외에는 필요 없다.

사람들은 침실에 온갖 종류의 작은 장식품과 물건을 쌓아놓곤 한다. 언니는 실내용 운동 자전거를 침실에 두었다. 꼭 필요한 게 아니라면 침실을 다기능 공간으로 사용하지 말자. 침실에 잡동사니를 쌓아두면 건강에도 좋지 않다. 수면이 웰빙에 매우 중요하기 때문에 침실은 집에서 가장 평화롭고 편안한 방이어야 한다. 침실은 인생의 1/3을 쉬고 재충전하며 보내는 안식처다.

침실에는 옷만 보관한다. 다른 방을 옷장으로 사용하면 더 좋다.

침실이 가진 목적을 생각하면 잡동사니 대부분을 다른 공간으로 옮기거나 버릴 수 있다.

거실, 창고처럼 쓰지 마라

침실 다음으로 내가 시간을 많이 보내는 공간은 거실이다. 따라서 거실에도 잡동사니가 없어야 한다.

거실은 물건 분류가 가장 중요한 공간이다. 곤도 마리에는 옷, 책, 종이, 잡동사니, 정서적인 물건으로 분류했다. 거실에서는 모든 물건들이 뒤죽박죽될 수 있으므로 각각의 물건들이 놓일 공간을 지정한다.

누울 수 있는 안락한 공간이 필요하다. 거실에 청소해야 할 물건이 적을수록 느긋하게 눕고 뒹굴고 쉴 공간이 많아진다.

거실이 다기능 공간이라면 물건을 너무 많이 두지 않도록 구역별로 명확히 정의한다. 예를 들어 일과 관련한 모든 물건을 책상 옆에 두거나 문서를 놓아둔 선반을 비운다.

심플 하우스 성명서

다음은 집을 '계획, 스타일링, 구성'할 때 내가 지켰던 9가지 안전 규칙이다. 단순함과 쉬움을 혼동하지 않아야 하지만 생각만큼 복잡하지는 않다. 참고할 책이 있으면 스트레스와 불확실성을 없앨 수 있다.

1. 집은 이야기다
집은 살아가는 공간이라는 것보다 훨씬 더 큰 의미가 있다. 집은 우리가 속한 곳이며 전 세계에서 우리가 제일 좋아하는 물건이 있는 곳이고, 우리의 삶이 펼쳐지는 장소다. 자신만의 이야기를 받아들이고 그 이야기를 꽃피울 수 있는 공간을 만들자.

2. 모든 물건은 자기 자리가 있다

집 안의 모든 물건은 각각의 집이 있어야 한다. 그래야 정리 정돈이 쉬워지고, 모든 물건에게 고마운 마음이 생긴다. 모든 물건에 제자리를 찾아주면 돼지우리 같은 집 때문에 화날 일이 없다.

3. 색상은 적을수록 좋다

색상보다 질감을 선택하면 공간에 재미와 깊이, 느낌을 더할 수 있다. 단순한 집은 보통 단색이지만, 반드시 그럴 필요는 없다. 색상이 적을수록 미치는 영향이 더 크다. 비춰야 할 공간이 넓을수록 더 많은 영향을 미치게 된다.

4. 여백의 미는 어디서나 옳다

절대 완벽한 목표에 자기의 가치를 맞추지 말자. 사람은 완벽하지 않고 빈틈이 있어야 빛도 들어온다. 불완전함을 받아들이고 당신과 당신의 집은 아무것도 바꾸지 않아도 이미 충분하다는 점을 알아야 한다. 미래를 위해 살지 말고 현재로 돌아와 모든 단계에서 모든 순간을 즐기자.

5. 적게 소유하라

소비지상주의는 모든 문제의 해답이 더 많이 소유하는 데 있다고 믿는 것이다. 하지만 사실은 적게 소유하는 것에 해답이 있다. 보관할 공간이 부족하다면 물건을 줄일 필요가 있다.

6. 물건의 쓸모를 정하라

목적에 따라 물건의 위치가 정해진다. 조용한 기쁨을 가져다주기, 읽을 거리 주기, 공기 깨끗하게 하기, 영감 주기 등이 목적이 될 수 있다. 방, 색상, 소유물의 목적이 뭔지 질문해보자. 목적이 없는 물건은 집에 놔둘 이유가 없다.

7. 자연 소재가 오래간다

나무, 면, 리넨, 종이 등 자연 소재는 쉽게 재활용할 수 있고, 자연적인 느낌을 준다. 특히 나무는 사포질, 페인팅, 광택을 통해 다른 용도로 재사용할 수 있는 소재다. 금속이나 유리도 플라스틱보다 낫다. 가능하면 플라스틱 말고 다른 소재를 사용하자.

8. 살아가면서 조금씩 정리하라

단순한 집을 만드는 것은 단거리 경주가 아니라 마라톤이다. 좋아하는 것과 좋아하지 않는 것을 모든 사람들이 자연스럽게 받아들일 수는 없기에, 결정을 내리다 보면 지칠 수 있다. 시간 여유를 가지고 즐기자. 서두를 필요 없다. 바로 뛰어들기 전에 살아보면서 방을 어떻게 사용할지 알아가는 것이 좋다.

9. 살짝만 바꿔도 모든 것이 바뀐다

너무 많이 바꾸지 않으면서도 모든 것을 바꾸는 것을 목표로 한다. 예를 들어 아침 햇살이 비추는 곳에 선반을 놓으면 이미 자리하고 있는 라디에이터가 완벽하게 틀을 잡을 것이다. 약간의 변화를 통해 많은 것을 개선할 수 있다. 전부 다시 만들 필요는 없다.

인생의 절반은
집에서
이루어진다

스타일리스트와 디자이너는 영업 기밀을 절대 말하지 않기로 유명하다. 디자인을 공식적으로 배워본 적은 없지만, 읽고 완전히 빠져들었던 책과 온라인 글에서 디자인에 대해 많이 배웠다. 워낙 비밀을 지키지 못하는 성격이라 공간 스타일링에 대해 배웠던 가장 소중한 교훈을 나누려고 한다.

집은 내가 살아가는 곳이다. 집을 쇼룸이나 예술작품으로 만들 필요 없다. 기능적인 디자인에 맞춰 나에게 어울리는 방식으로 집을 구성하고 스타일링할 수 있다. 조금만 생각하고 계획하면 아름다움과 기능성이 공존할 수 있다. 이러한 종류의 디자인에 초점을 맞추려고 한다.

내 스타일에 맞춰 내가 사랑하고 가치를 더하는 것만 남기면, 물건을 집 안에 자랑스럽게 배치할 수 있다. 물건을 보다 매력적이고 만족스럽게 배치하는 비법이 있다.

규칙, 팁, 아이디어는 집 안 어느 곳이든 적용할 수 있다. 선반, 벽, 찬장, 창틀, 서랍장, 책장 등을 생각해보자.

무엇을 하는 공간인가?

공간의 목적은 스타일링할 때 항상 최우선으로 고려해야 할 사항이다.

어떤 목적으로 해당 공간이 필요한가? 책상에서 일해야 하는가? 숙면을 취하는가? 무엇이 필요한지를 생각하면 스타일링을 통해 해결할 수 있다. 예를 들어 부엌에서 요리할 때 프라이팬이 오븐에서 손에 닿는 거리에 있는가? 닿지 않는다면 프라이팬을 놓을 찬장이나 선반을 놓으면 문제가 해결된다.

이러한 요구를 만족하면 공간을 단순하게 유지할 수 있다.

물건을 배치하는 3개의 법칙

물건 배치에 따라 스타일링한 방과 어수선한 방에 차이가 생긴다. 항상 눈이 쉴 공간이 필요하며, 이것을 여백이라고 부른다.

반복도 눈을 쉬게 한다. 어울리게 맞춘 의자나 액세서리를 생각해보자. 그리고 물건을 미니 컬렉션에 한데 배치하는 방법도 생각해보자.

숫자 3이 가진 힘을 항상 기억하면 좋다. 물건을 3개 배치하면 균형 잡혀 보인다. 선반, 벽, 책장을 정리할 때 3개의 법칙을 사용해보자. '3개의 법칙'은 사진작가들이 이미지의 균형을 맞추고 흥미를 더할 때 사용하는 방법인데, 실생활의 구도에서도 유용하다. 예를 들어 벽을 같은 간격으로 2개의 가로선과 세로선을 그어 9개로 나누는 상상을 해보자. 상상하기 어렵다면 스마트폰 카메라 화면에 나타나는 격자무늬 선을 활용해보자.

이 선을 활용하여 관심 포인트를 선과 교차점에 배치하여 공간을 구성해보자.

다른 모양과 크기를 조합한다

모양과 크기가 다양한 물건을 함께 배치하자. 예를 들어 책 더미는 모서리가 날카로워서 맨 위에 둥근 물체를 놓아두면 모양이 대비를 이루어 흥미로워 보인다.

자연을 최대한 끌어들인다

식물, 나뭇가지, 꽃은 공간에 생명을 불어넣는 가장 쉬운 도구이다. 집에 자연을 들이는 것은 열정적인 일이다. 천연 소재를 집 안으로 들이면 자연에 둘러싸인 기분이 들고 차분해지는 효과가 있다. 자연은 우리에게 말을 걸고, 우리를 겸손하게 하고, 육체적으로, 정신적으로 편안하게 해준다.

나무는 바깥세상을 집 안으로 들이는 확실한 방법이다. 색상 규칙을 사용하여 나무와 비슷한 톤을 유지한다. 차분하고 중성적이 거나 따뜻한 색상이 좋다. 적갈색과 청록색은 안 어울려 보이지만, 같은 톤의 다른 종류의 나무는 미묘한 대비를 통해 자연적인 흥미 를 더한다.

산책하다 주워 온 풀과 작은 나뭇가지도 예쁜 장식이 될 수 있 다. 집으로 가지고 들어올 때는 늘 환경을 생각해서 일부러 꺾지 말고 떨어진 나뭇가지나 꽃만 가져온다.

다른 질감으로 변화를 준다

질감을 섞으면 시각적 흥미를 유발한다. 특히 한 가지 무채색을 사용하면 공간이 밋밋하거나 병원 같은 느낌을 줄 수 있으므로 혼 합된 질감이 좋다.

식물과 꽃은 양가죽, 담요, 직물 등 촉감이 부드러운 물건과 마 찬가지로 시각적 흥미를 유발한다. 금속도 빛을 반사하여 질감을 더한다.

질감은 다양한 형태로 나타날 수 있으며, 느낌이 오는 질감을 사 용하면 된다. 나는 빈티지 가구의 벗겨진 페인트 느낌을 좋아하는 데, 그 뒤에 숨겨진 이야기 때문이다. 누가 사용했던 가구일까? 저 흔적은 어떻게 생겼을까? 나는 흰색 방에 나무 패널을 사용해서 약 간의 질감을 더한다. 어떤 질감이 마음에 드는지 모르겠다면 마음 이 끌리는 데 주의를 기울여보자. 질감은 어디든 있다. 빛바랜 헛간문에도, 데이지 꽃이 가득한 들판에도, 버려진 공장 벽에도 있다.

스타일 가이드를 활용해서 어떤 질감이 마음에 드는지 알아보자.

패턴으로 포인트를 준다

패턴은 공간에 흥미와 깊이를 더할 수 있지만, 단순한 디자인에는 조금만 사용해야 한다. 한쪽 벽면이나 쿠션 여기저기, 무릎 덮개에 사용하면 좋지만, 너무 많으면 전체적으로 복잡해 보인다.

패턴을 자유롭게 사용하기가 두려울 수도 있지만, 방마다 조금씩 시도해보자. 보색에 초점을 맞추면 패턴을 사용하기 더 쉽다. 대비되는 패턴은 균형을 위해 비슷한 색상을 사용하고 단색을 섞으면 잘 어울린다. 비슷한 시대의 패턴은 항상 조화롭다. 예를 들어 전체적으로 미드센추리 패턴이나 빅토리안 패턴으로 맞추면 매끄럽게 조화를 이룬다.

하나의 색상으로 맞춰라

직설적으로 말하자면, 컬러 팔레트를 고수해야 한다. 2가지 색상만 사용하라는 뜻이 아니라(물론 그래도 괜찮지만), 사용하고 싶은 주요 색상을 정해서 연속성과 흐름을 위해 모든 공간에 적용한다.

스타일 가이드를 사용해서 어떤 색상에 가장 끌리는지 결정한다. 집 전체에 같은 색상을 사용하면 흐름을 최대한 맞출 수 있다.

삼각구도의 특별함

삼각형은 사람들의 눈을 즐겁게 하는 모양 중 하나이다. 집 전체에 삼각형이나 역삼각형으로 물건을 배치한다. 예를 들어 2개의 작은 물체 가운데 큰 촛대를 놓는 식이다.

나에게 좋으면
좋은 것

　사람들은 충분함을 저마다 다르게 생각한다. 어떤 사람이나 가족에게 과한 것이 다른 사람에게는 부족하게 느껴질 수 있다. 충분함에 대한 생각은 시간의 흐름에 따라 변할 수 있고, 매년 또는 삶의 단계에 따라 바뀐다. 이러한 변화는 자연스럽게 받아들여야 한다.

　집은 충분함에 대한 자기의 생각을 평가하기에 좋은 장소이다. 집에서는 일상에서 사용하는 물건이 실제로 충분한지 알 수 있고 시간도 많이 보내기 때문이다. 결국 물질이 아닌 것이 충분한지 아닌지도 같은 방식으로 평가할 수 있다.

　새로운 공간에 앉아 시간을 갖고 어떤 느낌이 드는지 생각해본다. 차분해진 느낌인가? 정리가 잘된 느낌인가? 동기부여가 되는 느낌인가? 이 변화로 일상생활이 더 편해졌는가?

　변화가 신체적, 정신적으로 어떤 영향을 미치는지 생각해보자. 그러면 가속도를 높일 수 있어서 많이 버려야 할 때가 되면(정기적으로 버려야 할 때가 올 것이다) 우리에게 좋은 것과 좋은 방식을 활용할 수 있다.

새로운 공간이 당신의 생각과 다른 점이 있는가? 새로 시도한 스타일이 나에게 맞지 않아서 바꿔야 할 수도 있고 나만의 의견을 더해야 할 수도 있다. 맞지 않는 스타일을 어떻게 자신에게 어울리도록 바꿀 것인가? 아니면 전부 다 버리고 새로운 스타일을 시도할 것인가?

NOTES

_____

_____

_____

_____

_____

_____

_____

_____

_____

_____

_____

_____

Simple House

05

잡동사니
정리

물건을 버린다는
죄책감을 버려라

옷이나 가구를 정리할 때 물건을 버린다는 죄책감이나 불안감을 느낄 수 있다. 특히 기후 위기, 자연 서식지 파괴, 지구 자원 남용이 걱정된다면 물건을 버릴수록 지구 환경이 더 나빠지는 것이 아닐까 의문이 든다. 이제 이 질문은 그만해야 한다.

나만의 미니멀리즘이 어떤 것인지 생각하면서, 내가 행복하려면 나에게 어울리는 것을 해야 한다는 것을 알았다. 나는 내 마음과 가치를 매료시킨 제로 웨이스트(zero waste) 운동을 배우기 시작했다. 우리가 만드는 쓰레기 양을 최소한으로 줄이는 것이다. 1년치 쓰레기 양을 잼 병 하나에 넣을 정도로 줄일 수도 있다.

미니멀리즘과 정리하기, 지속 가능성 사이의 격차에 신경 쓰기 시작했다. 처음 정리할 때는 물건을 버릴 때 두 번 고민하지 않았고, 일단 버리고 나면 쓰레기가 어디로 갈지 생각해본 적도 없다.

이제는 내가 만든 쓰레기가 신경 쓰였고, 다른 사람들에게 물건을 정리하라고 말하기가 더 조심스러워졌다.

이 모든 물건들이 눈앞에서는 사라질 수 있다. 그러나 마법처럼 공기 중으로 없어지지는 않는다. 우리가 버리는 모든 물건은 어딘가로 가게 마련이다. 이 모든 것을 어떻게 처리할지에 대한 해답은 없다. 나는 지구의 가치를 생각하면서 미니멀리즘을 실천해야겠다는 책임감을 느꼈다. 이러한 지속 가능성은 삶과 일에서 중요한 가치가 되었다.

지속 가능성, 제로 웨이스트 운동, 미니멀리즘은 밀접하게 연결되어 있다. 이 지구상에서 자원을 영원히 만들어낼 수 있다는 듯이 살아가는 현대사회에서 미니멀리즘이 해답이라고 생각하는 사람들이 많다.

안타깝게도 우리가 살 수 있는 행성은 지구 하나뿐이다. 언론인, 정치인, 과학자, 운동가들이 충분한 변화를 일으키기에는 시간이 부족하지만, 미래 세대를 위해 무언가 행동해야 한다고 끊임없이 말한다. 열악한 제조 방법, 무책임한 폐기물 처리, 환경을 파괴하는 포장 등 대기업의 변화 속도는 너무 느려서 자신들이 몰고 있는 화물 기차를 멈출 수 없다.

그들의 최대 관심사는 돈이고 비용을 줄일수록 더 많은 수익을 얻는다. 의미 있고 영향력 있는 변화에 대한 책임이 소비자인 우리에게 있고, 우리가 할 수 있는 일이 많다.

그 어느 시대보다 물질이 풍부한 시대를 살면서 끊임없이 잡동사니가 쏟아진다. 우리가 소유한 물건의 양을 줄이고 유용하고 의미 있는 것들만 남길 필요가 있다. 우리의 삶이나 집을 정리하는 것을 넘어서야 한다. 잡동사니 때문에 지구가 버거워하고 있다. 우리가 잡동사니를 없애거나 재활용하고 있지만 애초에 불필요하고 잘못 생산된 물건들이 너무 많다.

잡동사니 문제를 해결하는 가장 좋은 방법은 물건을 사는 것을 줄이고, 무엇을 살지 신중하게 생각하고, 더 이상 필요하지 않은 물건은 책임감 있게 버리는 것이다. 우리는 진정으로 변화를 이끌 수 있는 힘을 가지고 있다. 무언가를 살 때마다 제품과 그 제품을 만든 기업을 인정하는 셈이다. 이것은 곧 그들의 제조 관행을 용납하는 것이다.

자신과 다른 사람 사이에 균형을 이루면서도 현실적인 방법이 있다. 로 웨이스트 라이프(low waste life)를 계속 실천하는 것이다. 뼈를 깎는 노력 끝에 나는 절대 제로 웨이스트 라이프를 살 수 없다는 사실을 받아들였다. 완벽할 필요 없다. 그저 노력하기만 하면 된다.

잡동사니를
처리하는 방법

아름다운 기부

누군가에게 필요 없는 물건이 다른 사람에게는 꼭 필요한 물건일 수 있다. 자선 상점에 전화를 걸어 기부 물품을 받을지 물어본다. 기부를 받지 않는다면, 페이스북 마켓플레이스와 같은 플랫폼을 활용하여 무료로 나눠준다. 당신이 쓰레기라고 생각하는 것으로 무언가 아름다운 것을 창조해내는 예술가가 있을지도 모른다.

소비자에서 판매자가 되기

처음 대대적으로 잡동사니를 정리했을 때 4천 파운드(약 650만 원) 이상 벌었다. 내 집에서 사용하지 않는 물건을 누군가 좋아할 수 있다. 물건을 팔 수 있는 곳은 웹사이트, 앱, 지역 중고 장터 등 다양하다. 늘어난 통장 잔액을 보고 집이 훨씬 넓어졌다는 것을 느끼면 뿌듯할 것이다.

재활용

천연 소재는 전부 재활용할 수 있다. 지역 재활용 센터나 재활용품 수거함을 즐겨 이용하자. 재활용품 표시의 의미를 배우고 한때 자신의 것이었던 물건에 책임감을 느낀다. 배터리로 작동하는 제품이나 전자제품 등은 중고로 개인 거래를 할 수도 있고, 팔 수 없는 것들은 폐기물로 처리한다.

버린 물건은 다시 사지 않기

안타깝게도 이 물건들은 쓰레기 매립지로 가겠지만, 물건을 버리는 과정에서 배움의 기회로 삼자. 버린 물건들을 앞으로 다시 사지 않아야 같은 일을 반복하지 않는다. 지금부터는 의도를 가지고 구매하자.

쓰레기를
줄이는
확실한 방법

쓰레기를 줄이는 가장 쉬운 방법은 처음부터 물건을 적게 사고, 가능한 오래 쓸 수 있는 물건을 사는 것이다. 그렇다 해도 살아가는 한 물건을 소비할 수밖에 없다. 다음은 내가 실천한 방법이다.

텀블러

나는 항상 텀블러를 들고 다니면서 일회용 플라스틱 뚜껑이 있는 컵을 사용하지 않는다. 어떤 카페는 개인 컵을 사용하면 할인해주고 컵을 씻어주기도 한다.

보온·보랭병

보온·보랭병을 사용하면 찬 음료를 24시간, 뜨거운 음료를 12시간 보온할 수 있다. 일회용 플라스틱 물병을 더 이상 사용하지 않게 된다.

유리병

나는 주기적으로 제로 웨이스트 상점을 찾아 리필을 하고, 대량으로 사서 용기에 담아둔다. 모든 병에 흰색 분필 페인트 펜으로 표시해두면 좋지만, 라벨지를 사용해도 좋다.

천으로 만든 장바구니

장을 볼 때는 면으로 만든 큰 장바구니를 들고 다니고 간단하게 과일이나 채소를 살 때는 작은 망사 가방을 가지고 다닌다.

안전면도기

칼날이 달린 면도기는 공항 검색대를 통과할 때 휴대용 가방에 넣으면 안 된다. 검색대에 걸려서 칼날을 **빼내야** 할 것이다. 여행할 때를 제외하고 안전면도기로 바꾼 것은 좋은 선택이었다. 더 이상 플라스틱 일회용 면도기를 사거나 버릴 필요 없다. 다양한 제로 웨이스트 대안 물건들과 마찬가지로 안전면도기도 처음에는 비용이 많이 들지만 길게 보면 돈이 절약된다.

플라스틱 프리 생리대

일회용 생리대 대신 **빨아** 쓸 수 있는 면 생리대, 생리컵, 빨아 쓸 수 있는 생리 팬티를 번갈아 사용한다. 일회용 생리대보다 플라스틱이 들어 있지 않은 생리대가 훨씬 편하다.

수건

세면 수건을 사용한다. 뜨겁게 데운 수건으로 얼굴을 닦아보면 계속 수건을 사용하게 된다. 세면 수건은 클렌징 티슈를 대체할 수 있다. 더불어 나는 키친타월 대신 색깔 있는 수건을 사용한다.

나무 칫솔

1938년 발명된 이후로 만들어진 모든 칫솔이 여전히 없어지지 않고 있다. 나는 대안으로 나무 칫솔을 사용하고 있다. 예전에는 찾아보기 어려웠지만, 지금은 대형 칫솔 기업도 다양한 크기와 강도의 나무 칫솔을 만들고 있다.

비누

샤워젤 대신 비누를 사용한다. 비누를 쓰면 피부가 건조해진다는 말은 아무런 근거가 없다. 피부가 건조해졌다면 보습이 잘되는 비누를 찾으면 된다.

면봉

나무 면봉은 플라스틱 면봉만큼 쓰기에도 좋다. 사용감도 훨씬 좋고 욕실에 두기에도 훨씬 예쁘다.

플라스틱 대신 나무, 금속, 천연 소재

이것은 지속적인 노력이 필요한 일이다. 집에서 사용할 조명이든 가구이든, 새로운 물건을 선택할 때마다 플라스틱 제품은 목록 맨 아래에 둔다.

중고 제품을 사용해보자

예전에는 중고 제품을 비웃었다. 누군가 사용했다는 생각만으로도 움찔했다. 중고를 사서 쓰면 쓰레기도 줄이고 돈도 아낄 수 있다. 품질 좋은 제품은 오래간다. 옷, 가구, 냉장고만 봐도 그렇다. 특정 물건은 예외이고 개인의 선택이지만, 중고 제품과 리퍼브 상품에 마음을 열어보자.

미니멀리즘의 여정을 시작할 때는 첫째, 변화는 느리지만 확실하게 해야 한다. 우리가 직면한 기후 변화 문제는 뉴스와 미디어에서 끊임없이 다루고 있고, 매우 심각한 지경에 이르렀다. 할 수 있는 일을, 할 수 있는 곳에서 하고, 그 과정에서 자신에게 친절하자.

둘째, 플라스틱 제품을 전부 버리려고 하지 말자. 제로 웨이스트는 쉬워 보여도 가장 엄격하게 실천해야 한다는 강박에 빠질 수 있다. 그러나 모든 플라스틱 제품을 버릴 수는 없다. 용도에 맞춰 고치고 나머지는 필요한 만큼, 필요할 때 대안 제품으로 교체하는 것이 지구를 구하고 당신의 통장 잔고도 늘어나는 방법이다.

이러한 라이프스타일은 사실상 돈이 많이 들고, 달리 방법이 없어 보인다. 모든 사람들이 더 적은 물건에 더 많은 돈을 쓸 수 있는 것이 아니다. 자신이 할 수 있는 만큼 하자. 가장 큰 책임은 우리가 소비하는 물건을 제조하는 기업과 그 기업을 규제하는 정부에 있다. 우리가 소비자로서 할 수 있는 일이 많지만 한계가 있다. 원하는 만큼 바꿀 수 없다면, 자신의 소신을 홍보하는 방법도 있다.

당신이 하고 있는 일, 당신이 효과를 경험한 일을 공유하고 자신과 지구에 미치는 영향에 초점을 맞추자. 다른 사람들이 당신을 따를 수도 있고 따르지 않을 수도 있다. 무엇을 할 수 있는지와 상관없이 당신이 마땅히 누려야 할 삶을 살면서 최선을 다하고 있다는 사실에 위안을 받자.

Simple
Story

06

친구
정리

더할 나위 없이
심플한 관계

물질적인 잡동사니를 정리하고 나면 개인의 공간과 경계를 정리하는 단계로 넘어갈 수 있다. 잡동사니는 물질적인 것뿐 아니라 훨씬 더 많은 것을 의미한다. 사실 비물질적인 것들은 물질적인 것들 못지않게 우리를 힘들게 한다.

우리에게 주어진 시간과 에너지는 한정적이므로 돈보다 훨씬 더 소중하다. 이토록 소중한 자원을 반드시 현명하게 사용해야 한다.

단순하게 산다는 것은 삶의 모든 부분을 통제한다는 의미다. 물질이 우리에게 공간을 채우고 욕망을 좇으라고 말하듯이 사회는 우리에게 친구나 가족 등과 관계를 맺으면서 인생의 목표를 달성하라고 권한다. 그렇지 않으면 실패했거나 무언가 잘못되었다고 우리를 조종한다.

우리는 이러한 삶의 방식에 의문을 제기할 수 있다. 남들이 말하는 것과 다른 방식으로 살았을 때 실제로 더 행복하다면 어떨까? 우리에게 선택권이 있다면 어떨까? 더 적게 소유하고, 다른 방식으로 살아갈 때 진정한 행복을 얻을 수 있다.

친구는 많을수록 좋을까?

친구는 서로 동등하게 주고받는 관계이다. 가끔 한쪽으로 치우칠 수도 있지만, 일반적으로 양쪽 모두 친구 관계를 가치 있게 생각해야 한다. 우리는 친구, 가족, 동반자, 동료 또는 지인들과 의미 있는 관계를 맺어야 한다. 그렇지 않으면 가장 내향적인 사람들조차 삶의 만족을 얻지 못한다.

관계는 의미 있는 인생을 위해 꼭 필요하다. 아리스토텔레스는 완벽한 친구 관계를 미덕 중 하나라고 말했다. 서로 사랑하고 서로 잘되기를 바라는 친구 관계는 긍정적인 영향을 미친다고 말이다.

삶을 단순화하고 관계의 가치에 의문을 품으면서, 보통 경쟁을 통해 친구 관계가 만들어진다는 사실을 깨달았다. 가족과 연인 관계도 마찬가지다. 진정한 친구는 서로 잘되길 바라고, 아낌없이 주고, 함께하는 시간 동안 기뻐하며, 서로 의미 있는 시간을 보낸다.

진정한 친구가 누구인지 깨닫는 것은 인생을 바꾸는 일이다. 그런 친구를 찾기는 어렵다. 어쩌면 지금 머릿속에 비상벨이 울리기 시작하고 몇몇 얼굴이 떠오를지도 모른다.

우리는 필요한 모든 것을 한 사람에게 얻을 수 없다. 그렇게 하면 상호 의존 관계가 된다. 삶에 다양한 관계가 필요하므로 여러 사람과 시간을 보내야 한다. 우리와 진정한 관계를 맺은 사람들은 우리 삶을 보다 의미 있게 만든다. 우리도 그들에게 한정된 시간과 에너지를 쏟아야 한다. 따라서 우리 삶에 가치를 더하지 않고 독이 되는 관계라면 과감히 걸러내야 한다.

우리는 사람들의 기분을 맞추고, 너무 많은 질문을 하지 않고 맹목적으로 살아가는 경향이 있어서 우리에게 선택권이 있다는 사실을 쉽게 잊는다. 우리는 누구에게 시간과 에너지를 줄지 선택할 수 있고, 원하는 만큼 줄 수 있다. 내가 이겼을 때 박수 쳐주지 않고, 나의 실패를 즐기려고만 하고, 자신의 고민을 털어놓는 데만 급급하고 나를 진심으로 걱정하지 않는 사람과 관계를 유지하면 그들은 나를 통해 힘을 얻지만 정작 나의 에너지는 고갈된다.

나를 힘들게 하는 사람을 끊어라

나의 사랑과 시간, 관심을 쏟을 사람이야 항상 여럿 있겠지만, 나에게 소중한 사람들을 선택하고 그들에게 마음을 주는 편이 훨씬 낫다.

물건을 정리한 후에는 정신적인 잡동사니를 맞닥뜨리게 된다. 버려야 할 부담감이 삶과 머릿속에 여전히 가득했다. 친구 관계를 정리하는 일은 물건 정리와 달리 감정 소모가 훨씬 더 심하다. 사람들이 자신의 이익을 위해 버려졌다는 사실을 기분 좋게 받아들이지 않았다. 나로서는 더 많은 용기가 필요했다.

거짓된 안정감을 주는 것 외에는 도움이 되지 않는 친구 관계를 붙들고 있다는 사실을 깨닫고 가슴 아팠다. 오랜 시간 맺어온 친구 관계를 끊으려면 많은 시간과 용기가 필요하다. 독이 되는 관계에 얽혀 있다는 사실을 깨닫고 거기에서 벗어나려고 하지만 현실적으로 불가능하게 느껴질 수 있다.

우리는 다른 사람이 우리를 어떻게 생각할지, 혹시 떠오를지 모르는 옛 상처를 혼자 어떻게 견뎌낼지 초조해하고 걱정한다. 이러한 걱정거리는 끝이 없다. 꼭 기억해야 할 것은 당신의 여정, 당신 이야기의 중심에는 자신이 있고, 무슨 일이 있어도 항상 내가 가장 좋아하는 것을 해야 한다는 사실이다. 그래야 나의 가치를 존중하고 지금 이대로 충분하다는 믿음으로 살아갈 수 있다. 나 혼자만으로도 충분하다.

나와 어울리지 않는 사람들에게 둘러싸여 있는 것은 끔찍한 일이
다. 더구나 그 사실을 갑자기 깨닫는 것은 더욱 끔찍하다. 나는 종
종 이용당했다는 생각이 들었고, 불안감이 들 때도 많았다. 물론
상대의 잘못만은 아니었다. 내가 따돌림을 당한 것도 아니다. 그저
가깝게 지낼 사람을 선택할 용기가 없었다.

사람들이 진실하지 않은 이유로 친구 관계를 지키려고 지나치게
노력한다. 이미 몇 년 전에 정리해야 했던 친구를 끊지 못한다. 자
신의 소중한 시간과 에너지를 쓸데없는 관계에 낭비하고 있다.

우리는 어떻게 관계를 정리해야 할지 모른다. 관계를 끊는 것이
두려워서 차라리 참고 버틴다. 얼마나 자신을 하찮게 생각하면 그
러한 고통을 감내하는 것일까? 자책하지 않으면서 친구 관계를 정
리하는 몇 가지 현실적인 방법을 알아보자.

단 한 명이 열 명보다 낫다

우리는 친구에 의해 정의되는 존재가 아니다. 친구가 많을수록 더 가치 있는 사람이라고 생각하지 말자. 친구가 얼마나 많은지보다 관계의 질이 더 중요하다. 한 명의 좋은 친구가 자신을 이해하지 못하는 열 명의 친구보다 더 소중하다. 소셜미디어는 이와 반대로 주장하지만, 나에게 가장 중요한 친구는 바로 나 자신이다. 나와의 우정에 집중하면 의미 없는 친구 관계를 정리하기가 쉽다.

나를 알아주는 친구

우리는 다른 사람에게 쓸데없는 말을 너무 많이 듣고, 우리가 원하지 않는 일을 너무 많이 한다. 이런 일을 지금 당장 멈추자. 다른 사람을 실망시켜서는 안 된다는 신념을 가지고 살아온 사람들이 많다. 하지만 무엇보다 나를 실망시키지 말아야 한다.

기꺼이 참아낼 수 있는 것과 참아낼 수 없는 것이 무엇인지 신중하게 생각해보자. 가능한 일은 무엇이고 가능하지 않은 일은 무엇인가? 자신의 논리를 설명할 필요가 없다. 진정한 친구라면 당신을 이해하고 비판하지 않을 것이다.

마음 가는 사람이 있다

자존감이 부족하다는 것은 내가 다른 사람들의 기준에 따라 결정을 내렸다는 의미다. 친구 관계도 마찬가지였다. 직감을 등대라 생각하고 항상 그곳에 길이 있다고 믿자. 아무리 약해도 직감에 빛이 있으니, 우리가 할 일은 직감에 귀 기울이는 것이다.

직감에 귀 기울이기 시작하면서 다른 사람의 의견을 묻지 않는 것이 낫다는 사실을 알게 됐다. 처음에는 완전히 패닉 상태가 되었지만 불편함을 견뎌내자 놀라운 일이 벌어졌다. 내게 맞는 것과 맞지 않는 것을 구분하기가 훨씬 쉬워졌다.

내 모습을 받아들이는 친구

친구 관계에서 행복을 느끼지 않을 때 스스로 변화하기보다 상대를 비판하기 쉽다. 그러면 비판의 목소리만 커질 뿐 발전하지 못한다. 주위 상황에 불만을 느낄 때는 다른 사람을 비판하는 것이 아니라 자신에게 초점을 맞추자. 내 모습을 받아들이지 못하는 사람과 친구가 되어서는 안 된다.

의미 없는 관계에 시간을 쓰지 마라

나는 '적을수록 좋다'는 신념을 가지고 있다. 친구가 아주 많을 수는 있다. 하지만 자신과 다른 사람의 관계를 망치지 않는 범위에서 그들에게 할애할 수 있는 시간과 에너지가 한정되어 있다. 이러한 현실을 받아들이면 안도감을 느끼게 되고 우선순위에 소중한 시간을 쓰게 된다.

자연스러운 흐름에 맡긴다

다른 방향으로 가는 것을 두려워하지 말고 친구 관계를 흘러가는 대로 내버려둔다. 퇴사하거나 이사하면 관계가 끝날 수도 있다. 관계가 멀어지는 것은 드문 일도 아니고, 누군가의 잘못이 아니다. 관계를 유지하려고 억지로 강요하면 결국에 지칠 뿐이다. 자신만 노력하다가 감당하기 버겁다고 느낄 때는 이용당했다는 생각이 들기도 한다.

관계를 정리하기가 힘들다고 생각할 수 있지만, 의미 없는 것에 매달리는 것보다 낫다. 좋았던 시절에 감사하고, 친구 관계가 끝나도 그 기억은 영원히 남는다고 생각하자.

감성적인 물건과 친구 관계를 정리하는 문제를 해결하고 나면 정리하고 싶은 욕구가 더 강해진다. 관계를 정리하는 게 무서웠지만 결국 그 반대편에 자유가 있다는 사실을 깨달았다. 또한 관계를 정리하고 나서 오히려 안도감을 느꼈다. 진정성이란 자신의 모습과 단점을 비롯한 모든 것을 있는 그대로 받아들인다는 의미다.

진정성 있는 사람은 자신에 대해 아주 잘 아는 반면, 자신이 모르는 점도 많다는 사실을 인정하고, 그래도 괜찮다고 생각한다. 그들은 계속해서 변하고, 불확실한 삶의 본질을 자연스럽게 받아들이고, 인생이라는 폭풍을 지날 때 침착함을 유지할 수 있다.

나 자신이 진정성 있는 사람이라고 생각하지 않지만, 미니멀리즘과 슬로 라이프 덕분에 삶의 모든 부분을 정리하는 여정을 시작했다. 나는 개성을 발휘할 때도 있고, 내 가치를 지키기 위해 여전히 노력한다. 종종 한계가 느껴지고 결점이 있기는 하지만 여전히 발전하고 있다고 생각한다.

언젠가 목표를 달성할 수도 있고 달성하지 못할 수도 있지만 지금 이 순간 노력한다. 나는 진정성 있는 사람이 되려고 연습 중이고, 지금은 그것만으로도 자랑스럽다.

나의 가짜 모습을 벗을수록 진짜 모습을 드러내기가 두려웠다. 스스로 다음 질문을 해보고 진정한 내 모습을 드러낼 수 있었다. 내가 정말 원하는가? 내게 필요한가? 내 삶에 가치를 더하는가? 그렇다면 어떤 가치를 부여하는가?

진정한 자신의 모습이 마침내 드러나면 우리 안에 깊숙이 뿌리 내려 있던 믿음에 대해서도 질문할 수 있다. 자신감이 자라날수록 우리가 내린 모든 결정을 의식적으로 평가할 수 있는 힘과 능력도 자라난다. 나에게 가장 좋은 것을 중심에 두게 된다. 삶의 중심을 잡고 직감이 이끄는 대로 하루하루를 살 수 있다.

보드카 레모네이드와 작별하기

2015년 12월 4일은 내가 마지막으로 술을 마신 날이다. 술을 끊게 될 줄은 몰랐다. 그때까지만 해도 음주는 내 삶에서 중요한 부분을 차지했다. 함께하고 싶은 사람들과 어울리며 즐거운 시간을 보내는 것이 일상에서 중요한 일이었다.

나는 한꺼번에 몰아서 마시는 편이었다. 혼자 술을 마시지는 않았고, 사람들과 어울리기 위해 술을 마셨다. 술을 전혀 좋아하지 않았지만 일단 시작하면 끝까지 마셨다.

술 마신 다음 날 아침 얼마나 취했고 얼마나 이상한 짓을 했는지 이야기하며 자부심을 느꼈다. 남들에게 인정받고 사랑받는다는 생각이 들었고, 술은 쑥스러움과 불안정을 감추는 데 도움이 되었다. 내 모습을 그대로 보여주기보다 50파운드(약 8만 원)를 걸고 맥주 2리터를 한 번에 마시는 것이 훨씬 쉬웠다.

술을 마실 때는 나의 다른 모습을 보여줄 수 있었다. 내가 가장 좋아하는 캐릭터인 파티 걸의 모습. 그 시절이 재미없었다는 이야기가 아니라 진짜 내 모습이 아니었다. 사실 당시 내 본모습이 어떤 건지도 몰랐다. 그저 너무 두려워서 제대로 보지도 못했다.

그날 밤까지 나 자신을 성찰하고 있었다. 자궁경부암도 완치됐고, 새로운 것에 마음을 열었다. 진정한 내 모습을 찾고 싶어서 나에게 의미 있는 삶이 어떤 것인지 알기 위해 애썼다. 답은 없고 질문만 가득했다.

당시 미니멀리즘에 빠지면서 정리에 집착했다. 나를 둘러싼 물건들은 정리한 상태였다. 가지고 있던 물건 중 약 80%를 팔거나 기부하거나 버리고 나서 기분이 좋았다. 이제 라이프스타일을 더 많이 바꾸고 싶었다. 의미와 가치로 충만한 삶을 위해 어떻게 해야 하는지 스스로에게 물었다. 내가 왜 그런 행동을 했는지, 목적이 무엇이었는지, 또 행동의 결과는 무엇인지 알고 싶어졌다. 당연히 술을 떠올리게 됐다.

그날 밤 평소에 사용하던 보드카 레모네이드 믹서를 찾고 있는데 명확한 느낌을 받았다. '술을 좋아하지도 않으면서 뭐 하고 있는 거야?' 그때까지는 마음속에서 한 번도 그런 소리가 들리지 않았다. 이제는 너무 많은 질문을 해대는 머릿속 목소리를 잠재울 수 없었다. 술을 계속 마시면서 마음속으로는 끊임없이 생각했다. 처음으로 내 음주 습관에 의문을 품었다.

이른 아침 케밥 가게 밖에서 발바닥은 더러워지고 손에 하이힐을 든 채로 마이클에게 반쯤 업혀 있는데 그 질문이 다시 떠올랐다. 즐거운 시간을 보낸 젊은 여성의 전형적인 모습이었지만, 기분은 엉망이었다. 속이 뒤집히고 머리는 깨질 것 같았으며 말도 똑바로 할 수 없었다. 이게 정말 즐거운 일인가? 누구에게 즐거운 일인가? 택시를 타고 집으로 돌아오는 길에 해장하려고 먹은 치즈 감자튀김 냄새를 풍기며 숨을 들이마시다 혼잣말로 속삭였다. "정말 원하지 않으면 다시는 술을 마시지 않을 거야." 그리고 그걸로 술과는 마지막이었다.

마지막까지 내 곁에 남을 친구

나는 술을 끊었다. 술로 나의 캐릭터를 지키려 했던 짓을 그만두었다. 더 이상 습관적으로 뭔가를 하지 않았다. 내 행동의 이유를 묻고, 나의 가치에 맞는 행동인지 먼저 확인했다. 자의식은 다시 끌 수 없는 스위치다. 일단 자의식을 가지고 자신을 객관적으로 바라보면 그다음부터는 그 모습을 잊을 수 없다.

내가 얼마나 다른 사람에게 인정받으려고 하는지, 술이 내 삶에서 얼마나 의미 없는지 깨닫기 시작했다. 나의 본모습을 지지하고, 나 자신을 받아들이고, 나를 좋아할 때가 됐다. 내 모습이 다른 사람들과 다르다 해도. 용기가 필요한 일이었다.

술을 끊는 일은 생각보다 어렵지 않았다. 술을 끊어야 하는 이유가 명확했기 때문이다. 원래부터 술을 좋아하지도 않았다. 문제는 다른 사람들의 반응이었다. 술을 끊기 전까지는 사람들이 술 마시는 것에 대해 이러쿵저러쿵 간섭하는 줄 몰랐다. 사실 나도 그중 하나였다.

나도 친구나 가족에게 '한잔 더 해', '빨리 마셔'라고 말하며 부담을 줬다. '고민은 털어버리고 술이나 마시자'라며 상대를 불편하게 했다.

다른 사람들은 내가 술을 끊은 것을 불편해한다. 사람들은 자신에게 영향을 미치지도 않는 일에 왜 그토록 신경 쓰는 걸까? 술이 우리 정체성에 많은 부분을 차지하고 있기 때문이다. 술고래 파티걸은 칭송의 대상이지만, '술이 약한 사람'은 놀림의 대상이다. 술을 마시지 않는 내가 이러한 사회규범에 맞서면, 나를 사랑하는 지인들조차 알게 모르게 불만을 쏟아낸다.

나는 술을 끊기로 했고, 그 이유를 계속 반복해야 했다. 나는 단도직입적으로 술을 안 마시겠다고 말했다. 상대가 이유를 물어보면 "술을 안 좋아해서"라고 말했다. 처음에는 이렇게 설명하기도 피곤했다. 그냥 몇 잔 마시고 마는 게 더 편했다. 하지만 그렇게 하지 않았다. 내가 술을 끊었다는 사실이 불편한 건 그들의 문제다.

더 이상 다른 사람을 편하게 하려고 나 자신을 불편하게 하지 않았다. 택시 안에서 나 자신에게 했던 약속을 끝까지 지켰다. 정말 마시고 싶지 않으면 마실 필요 없다고 되새겼다. 선택권은 내게 있다. 더 이상 사람들의 기분을 맞춰주는 파티 걸이 아니었다. 훨씬 더 자기 확신에 차 있고 신념을 지키는 사람이 되었다.

다른 사람이 나를 인정해주기를 바라는 대신 나에게 맞는 일을 할 수 있을 정도로 단단해졌다. 물론 불편하기도 했지만 그 불편함도 받아들였다. 술을 끊기 전까지는 술 때문에 사람이 얼마나 바뀔 수 있는지 깨닫지 못했다. 더 이상 다른 사람이 술을 마시든 말든 이래라저래라 하지 않았다. 한 잔 정도 마실 수 있었겠지만 그러고 싶지 않았다.

자기와의 약속을 지키느라 감정 기복이 심했지만, 내 의지로 술을 끊게 되어서 기뻤다. 술을 끊은 지 5년이 되었고 술을 마시고 싶은 생각이 들지 않는다. 사람들은 여전히 술을 왜 안 마시느냐고 묻고, 친구들도 부담을 주지만 술을 마시지 않으니 더 좋다. 술을 끊으면서 친구들을 잃었다. 새로운 사람들을 만났지만 그들이 즐기는 방식이 내키지 않아 새로운 친구를 사귀지도 못했다. 슬프지만 어쩔 수 없는 일이었다.

나와 어울리는 사람들은 이해한다. 예전처럼 밤에 외출해서 신나게 놀지는 않지만 오후에 차를 마시며 〈루폴의 드래그 레이스(RuPaul's Drag Race)〉를 보면서 즐겁게 보낸다. 친구 사이를 돈독하게 만드는 것은 술이 아니라 의미 있는 관계다. 술을 마시지 않아도 친구들과 어울릴 수 있다.

지난주 친구 에마의 처녀 파티에서 술 마시기 게임이 있을 것 같아 긴장했다. 우리는 대학에서 만났는데 술 마시기 게임을 너무 좋아해서 우리만의 규칙을 정해 부엌 벽에 붙여놓곤 했다. 하지만 난 더 이상 그때 그 여대생이 아니다.

나는 여전히 우리만의 술 마시기 게임을 좋아했는데, 내가 술 대신 다이어트 콜라를 마신다고 해서 아웃사이더 취급을 당하지 않았다. 당신을 평가하지 않는 사람들을 귀하게 여겨야 한다.

어쩌면 언젠가 예전처럼 늦게까지 술을 마실지도 모른다. 나중에 그럴 수도 있겠지만 지금은 옳다고 생각하는 대로 행동해야 한다. 지금 당장은 한 모금도 마시고 싶지 않다. 보드카 레모네이드로 가득한 늦은 밤 술 파티보다 친구와 깊고 의미 있는 대화를 나누고 싶다.

정말 많은 연습을 통해 술을 마시지 않아도 나라는 존재가 부담스럽거나 불편하거나 지루한 사람이라는 생각이 들지 않는다. 이제는 누군가 이야기를 먼저 꺼내지 않으면 별로 생각하지도 않는다. 가치 있는 모든 것이 그렇듯 연습만이 길이다.

술을 안 마시니 돈도 절약되고 건강도 좋아졌다. 술을 끊고 가장 좋은 점은 나에게 맞는 일을 하고 다른 사람이 뭐라고 하든 신념을 지켰다는 데서 느끼는 기쁨이다. 다른 사람과 달라도 내 모습 그대로, 술을 마시든 안 마시든 괜찮다는 걸 알게 됐다.

내가 편하면 다 괜찮다

술 없는 삶을 선택한 것은 나를 향한 기대와 다른 사람들의 생각과 반대되는 일이다. 나만의 길을 걸을 가치가 있다는 사실을 배웠다. 나의 가치, 내가 좋아하는 것과 나의 꿈을 위해 살면 평온을 얻을 수 있다. 지금 이 순간 나에게 가장 좋은 일을 하고 있는 내 모습이 편안하게 느껴진다.

한때는 두려웠으나 이제는 평온함을 느낀다. 당신도 자신의 선택을 성찰해보고 자신에게 맞는 일을 하기 바란다. 우리 모두 삶에서 큰 결정을 내려야 할 때가 있다. 그것을 선택하는 것은 언제나 자신이다. 올바른 선택이란 항상 그 당시 자신에게 가장 잘 맞는 일을 선택하는 것이다.

돈이 얼마나 있어야 충분한 걸까? 그 기준은 사람마다, 상황마다, 그리고 시기에 따라서도 다르다. 돈에 관해서도 다른 사람이 아니라 나의 기준에 맞아야 한다.

일상의 잡동사니를 정리하고 가장 자랑스러웠던 순간 중 하나는 1만 5천 파운드(약 2,400만 원)의 빚을 갚고 돈과 나의 관계를 재설정한 것이다. 나는 항상 돈이 부족하다고 생각했고 내가 가진 돈은 금세 사라질 것 같았다. 어릴 때부터 엄마는 늘 우리가 한 부모 가정이고 돈 벌기가 어렵다고 강조했다. 이런 상황에서도 엄마는 돈을 쉽게 써버려서 늘 부족했다.

엄마는 유일한 대화 상대인 나에게 돈 걱정을 털어놓았다. 특히 신용카드 명세서를 받은 날은 더했다. 엄마가 울거나 스트레스받는 모습을 보기가 싫었고, 앞으로 어떻게 될지 두려웠다. 최악의 경우 집을 잃을 수도 있었다. 집을 잃는 지경에 이르지는 않았지만 혹시나 하는 두려움은 나의 지출 패턴과 신념에 영향을 끼쳤다.

어릴 때의 씀씀이 습관은 성인이 되어서도 바뀌지 않았다. 나는 분수에 넘치게 돈을 쓰고 카드값을 내지 못할까 봐 전전긍긍하면서도 돈을 아끼거나 모으지 않았다. 은행에서 가능한 대출을 많이 받고, 월별 지불액을 기준으로 예산을 책정했다.

그런데 돈에 대한 마음가짐을 바꾸자 모든 것이 변했다. 물건을 살 때 몇 분 또는 몇 초가량 꼭 사야 하는지 의문을 제기하는 것만으로 재정 상태가 대폭 바뀌었다. 습관적으로 사서 마신 커피, 사용한 적 없는 구독, 갖고 싶었지만 필요하지 않은 모든 것들을 줄이자 통장 잔고가 더 이상 바닥나지 않았다.

돈에 관한 생각이 얼마나 왜곡되었는지를 알게 되었다. 꼭 필요하다고 생각했던 지출이 사실 꼭 필요한 게 아니었다. 돈을 지출하는 데 있어서 내 생각보다 훨씬 더 많은 선택권을 가지고 있다는 사실을 알게 되었다. 삶에 진정한 가치를 더해주는 물건만 사기로 했다. 그러자 더 많이 산다고 해서 행복한 것은 아님을 깨달았다.

막연하게 돈을 쓰는 것이 아니라 꼭 원하는 것에 돈을 쓰기로 하자 상황이 완전히 바뀌었다. 처음으로 돈을 제대로 관리하게 되었다. 항상 돈이 부족하고 수중의 돈이 금세 사라질 것 같은 두려움에 사로잡히지 않았다. 빚과 외출이 줄고 저축액이 늘면서 자유를 느꼈다.

돈도 옷장처럼 정리할 수 있다

어릴 적 돈에 대해 어떤 경험을 했는지, 그것이 어떤 영향을 미쳤는지 생각해보자. 어떤 경험이 돈에 대한 개념을 만들었을지 모른다. 마음가짐은 머릿속에 있는 전선과 같고, 우리가 몇 살이 되었든 전선을 다시 설계할 수 있다. 이러한 사고방식과 행동 양식은 마음만 먹으면 언제든 바꿀 수 있다. 다음은 나에게 가장 도움이 됐던 방법이다.

어디에, 왜 쓰는지 생각하기

돈 관리에서 지출 내역을 확인하는 것이 가장 중요하다. 이것은 두려운 대상과 마주해서 친해지는 것과 같다. 가장 간단한 방법은 매달 정기적인 수입과 지출을 적어보는 것이다. 지출 내역을 자세히 확인하려면 매달 구매한 물품과 지출한 비용을 모두 적어서 그 달 마지막 날에 깊이 생각해보고 그것을 바탕으로 계획을 세운다. 이 2가지 방법으로 매주 한 번씩 은행 계좌를 확인하고 어디에 지출했는지 확인한다.

지출 내역을 알려주는 앱도 있지만 직접 적는 것이 가장 쉽고 처음에 시작하기도 좋다. 앱을 사용하면 확실히 시간을 절약할 수 있다. 지출 내역을 더 많이 확인할수록 어떤 물건을 사는지, 물건을 산 이유가 뭔지 알 수 있다.

생존 50, 재미 30, 미래 20

몇 가지 방법을 사용해본 결과 50/30/20 예산이 가장 좋았다. 수입의 50%를 음식, 주거, 통근 등 필수 항목에 사용하는 것이다. 필수적이지 않은 항목, 즉 넷플릭스처럼 재미를 위한 일, 외식, 휴가에 수입의 30%를 사용하고, 나머지 20%는 연금, 저축, 보험 등 미래를 위해 모은다.

이 방법을 가장 좋아하는 이유는 간단하고, 무엇이 필수 항목인지 알 수 있고, 대가족이든 1인 가구이든, 직장인이든 자영업자이든, 누구나 적용할 수 있기 때문이다. 수입이 많든 적든 상관없다. 이 비율이 비현실적이라고 판단된다면 언제든 조정할 수 있다. 어쩌면 지금은 70/20/10 예산이 필요할 수도 있다. 한계를 정해놓고 돈을 관리하는 것이 가장 중요하다.

즉흥적으로 쓰지 않기

궁핍하게 살라는 뜻이 아니다. 장기적 이득보다 즉각적인 만족을 누리면 경제적 안정을 얻을 수 없다. 많은 사람들이 생각 없이 돈을 쓰는 악순환을 반복한다.

처음에 신중하게 지출하기가 부담스러울 때는 적당한 수준을 다양하게 모색한다. 물건을 살 때 꼭 필요한지 자신에게 물어본다. 내가 즐겨 하는 방법은 당장 필요하지 않는 한 바로 사지 않고 2주 정도 기다리는 것이다. 즉흥적으로 샀을 때보다 깊이 생각하고 결정했다는 사실을 스스로 알게 된다.

대출을 없애면 걱정이 사라진다

처음에는 대출에 찬성하는 입장이었는데, 완전한 경제적 자유를 위해 대출에 반대하는 입장으로 바뀌었다. 필요 없는 수납 가구와 좋아하지도 않는 옷도 모두 팔았다. 기분 전환을 위해 매주 새로운 물건을 사던 습관도 사라졌다. 사용하지도 않으면서 큰돈이 나가는 구독도 모두 해지했다. 대출 금액을 적은 종이를 어디든 지니고 다녔다. 조금이라도 갚고 나면 다시 잔액을 적었다.

대출 잔액이 점점 줄어들다가 마침내 없어지자 몹시 신이 났다. 지금은 대출 찬성과 대출 반대 입장 사이에 있다. 전적으로 자신의 상황에 달려 있다. 대출이 좋은 건 아니지만 가끔은 필요할 때가 있다. 다만 대출받을 때는 신중해야 하고 대출을 마지막 수단이라고 생각해야 한다.

정리하는 법을 배우는 것은 이전에 사용해본 적 없는 근육을 단련하는 것과 같다. 처음에는 정리하는 법을 온전히 사용할 수 없었지만 시간이 지나면서 단련되었고, 살아가는 힘이 되었다.

인생은 성취하는 것보다 정리하는 것이 훨씬 중요하다. 정리하는 법을 제대로 배우면 지나치게 부담을 느끼거나 압도되거나 감당하지 못하는 상황에 놓이지 않는다. 정리하지 못하는 것은 우리 잘못이 아니다. 인생에서 뭔가를 성취하는 것이 중요하다는 메시지가 사방에서 쏟아지기 때문이다.

출세를 위한 사다리에 오르고 집 평수를 늘리고 꿈에 그리던 드레스룸을 갖는 것은 잘 알려진 성공 사례이다. 그러나 우리가 성취할 수 있는 것에는 한계가 있고, 우리 모두는 언젠가 죽게 되며, 이세상의 자원은 한정되어 있다. 따라서 우리가 가진 중요한 자원을 어디에 쓰는지 평가해야 한다.

물질적인 것은 비물질적인 것에 비하면 아무것도 아니다. 정신적인 잡동사니는 정리하는 데 훨씬 더 많은 노력이 필요하다. 눈에 보이지 않는 것이 눈에 보이는 것보다 더 큰 피해를 준다.

정리에 대한 모든 두려움은 사실상 거짓이었다. 생각이 나 자신을 가둔 셈이었다. 공간을 만드는 것은 아주 중요하고 멋진 일이지만, 이제는 내가 만든 공간을 무엇으로 채울지 생각해봐야 할 때다.

습관적인
팔로를 줄인다

21세기의 소비문화는 대부분 온라인에서 벌어진다. 우리는 더 이상 잡지나 텔레비전 프로그램에서 본 내용에만 얽매이지 않는다. 우리가 대화하는 상대는 친구, 가족, 직장 동료를 넘어선다. 소셜 미디어 덕분이다.

성인이 스마트폰을 사용하는 시간은 하루 평균 3시간 이상, 1년에 한 달이 넘는다. 그 시간 동안 우리가 보는 것에 얼마나 많은 영향을 받을지 상상해보자. 소셜미디어 알고리즘과 뉴스 사이트는 우리가 관심을 가질 만한 것들을 끊임없이 제공하면서 헤어나지 못하게 한다. 이른바 스크린 중독이다.

스크린을 보는 시간이 늘어날수록 불안감과 우울감은 높아지고 자존감은 낮아진다. 평범하고 자연스러운 우리의 일상을 인스타그램의 화려하게 꾸며진 삶과 비교하며 현실을 왜곡한다.

소셜미디어를 반대하는 것은 아니다. 장점도 많다. 소셜미디어가 없었다면 블로그를 시작하거나 비슷한 생각을 하는 사람들과 교감할 수 없었을 것이다. 그러나 우리는 온라인에서 소비하는 것에 주의를 기울이고, 가능한 웰빙을 추구하는 방식으로 사용해야 한다.

우리는 소셜미디어 기술을 선한 목적으로 사용할 수 있다. 스마트폰을 사용하는 것이 우리 삶에 가치를 더하고 기분 좋게 만드는지 최우선으로 확인해야 한다. 긍정적인 의도를 가지면 온라인 소비를 줄이기도 훨씬 쉽다.

앞서 정리 과정에 적용했던 바로 그 질문을 여기서도 똑같이 적용할 수 있다. 내 삶에 가치를 더하는가? 내 기분이 좋아지는가?

2가지 요건에 해당하지 않는 모든 것(팔로하는 계정, 앱, 뉴스 등)은 우리를 힘들게 하고 부정적인 에너지로 우리 삶을 가득 채우는 잡동사니에 불과하다.

정리해야 할 '구독', '좋아요'

나는 물질적인 것을 넘어 삶 전체에 새로운 미니멀리즘을 적용했다. 적용하지 않은 부분이 거의 없었고, 단순한 라이프스타일 철학을 모든 것에 적용할 수 있어서 좋았다. 지금까지 짊어지고 다녔던 삶의 무게(예를 들어 옷, 해로운 인간관계, 거절하지 못하는 습관 등)를 내려

놓자 가장 좋은 것만 남았다. 내 삶에 가치를 더하는 것과 그렇지 않은 것을 인식할 수 있었다.

지금까지 내가 소비했던 소셜미디어를 자세히 살펴보고 바꿔야 한다고 생각했다. 내가 아는 사람(내가 좋아하지 않는 사람이라도)이거나 부러워하는 유명인을 의무감으로 팔로했던 경우를 비롯해 모든 팔로 상대에 대해 질문을 던졌다. 내가 사용하는 플랫폼도 조사해봤다.

새로 정한 규칙은 내가 즐기는 소셜미디어 플랫폼과 나에게 가치 있는 계정만 이용하는 것이다. 나에게 영감을 주거나 교육적 목적이 있거나 동기부여를 하거나 즐거움을 주는 것 등 다양하다. 어떤 종류든 상관없지만 의식적으로, 의도를 가지고 콘텐츠를 소비한다.

많은 계정의 팔로를 중단하고 마음의 평온을 얻었다. 인스타그램 피드를 훑어볼 때 질투 나고 부러운 대신 기분 좋아지는 콘텐츠만 보게 됐다. 내가 아는 사람들의 팔로를 끊기는 힘들었지만 너무 깊이 생각하지 않으려 했다.

팔로를 끊은 사람들을 자주 마주쳐야 한다면 대화를 줄이기로 했다. 내 삶을 풍성하게 해주는 것에만 관심을 쏟고 싶었다. 마침내 나 자신이 만족감을 느낄 가치가 있다고 느꼈고, 그 느낌이 좋았다. 우리 모두 만족감을 느낄 가치가 있고, 충분히 만족할 수 있다. 스스로 그렇게 행동해야 한다.

삶에 가치를 더하지 않거나 사용하지 않는 앱을 삭제하고, 읽고 싶지 않은 이메일의 구독을 취소하고, 텔레비전 보는 시간도 줄였다. 텔레비전도 감각을 무디게 한다. 텔레비전을 보면 안 좋은 생각이 드는 것을 피할 수 있지만, 그 외에는 별 도움되지 않는다.

좋아하는 것만 남기자 그 물건들에만 중점을 두게 되었다. 내가 가진 것들에 훨씬 감사하게 되었다. 내게 진정으로 의미 있는 것만 남기자 나의 정체성이 드러났다. 예전처럼 다른 사람에게 인정받는 것에는 신경 쓰지 않고 훨씬 독립적인 느낌이었다.

'노(No)'라고 말하면 불필요한 관계가 정리된다

내가 하기 싫어하는 것들, 예를 들어 기쁨 목록 맨 아래에 있는 것들에 '노(No)'라고 말하기 시작하면서 심지어 내 다이어리도 정리됐다. 그 작지만 강력한 '노'라는 한마디를 하는 법을 배우자 내 삶 전체를 계획하는 데 도움이 되었다.

나는 '노'라고 말하지 못해 늘 지치고 벅찬 삶을 살아야 했다. 다른 사람들을 실망시키면 안 된다는 생각이 늘 마음에 자리 잡고 있었다. 버리기 어려운 습관이었다. 내게 '노'라고 말할 선택권이 있는지 몰랐다. 거절하는 것은 실패하는 것이고, 갈등을 일으키고 상대를 화나게 해서 돌이킬 수 없는 일이 벌어질까 두려웠다.

나는 남들이 어떻게 생각할지 걱정했고, 내가 틀렸다고 하면 즉시 바로잡았다. 특히 여성들이 이런 경향이 강하다. 다른 사람이 어떻게 생각할지 걱정하고 다른 사람의 감정을 상하지 않게 하려다 보면 내가 정말 좋아하는 것을 아무것도 하지 못한다. 완전히 시간 낭비이고 삶은 후회로 가득하게 된다.

'예스(Yes)'라고 말하고, 예의 바르고, 좋은 게 좋다는 식은 도움되지 않는다. 어릴 때 생일 파티에 초대되면 우리는 그냥 참석한다. 아무도 우리에게 참석하고 싶은지 생각하는 법을 알려주지 않는다. 우리는 자신이 원하는 것을 먼저 생각하고 무엇에 동의하고 거절해야 할지 배우지 않았다.

그렇기에 어른이 되어서도 모든 것을 해내려고 끊임없이 바쁘게 살아간다. 이 문제에 대한 해답은 단 한마디, '노'이다. 이것만이 덫에서 빠져나올 수 있는 유일한 방법이다. '노'라고 말하면 상대의 기분이 상할까 봐 걱정되지만 원하지 않는 것에 '예스'라고 말하면 자신에게 솔직하지 않은 것이다.

나는 우아하게 거절하는 방법을 연습해서 거절하지 못하는 나쁜 습관을 극복했다. 우선 나의 결정과 상대와의 관계를 분리했다. 거절한다고 해서 그와 관계를 끊는 것은 아니다.

'노'라는 결정과 관계를 분리하면 솔직하게 대답할 용기가 생긴다. 예를 들어 가족 모임을 거절하면 가족들을 멀리하는 느낌이 들 수 있다. 거절하는 방식을 바꿔서 가족과 멀어지는 게 아니라는 사실을 깨달아야 한다.

'노'라는 매우 거친 단어 대신 다른 단어를 사용하면 거절하기 더 쉽다. 내 결정이 버겁거나 이분법적으로 느껴지지 않는다. '노'라는 단어가 너무 강하게 느껴진다면 다른 표현도 있다. 나는 나에게 가장 편안한 방식으로 말했다. 예를 들어 "생각해줘서 너무 고마운데 시간이 없어"라든지, "가고 싶은데 지금은 너무 바빠"라고 말한다. 냉정한 로봇이 되는 것이 아니라 그저 솔직하면 된다.

무언가를 거절할 때는 다른 무언가를 얻는 게 있다. 특별히 시간을 함께 보내고 싶지 않은 사람과 너무 비싼 음식을 먹지 않겠다고 거절하면, 돈 지출에 신중하고 정신 건강에도 좋은 조용한 밤을 보낼 수 있다. 항상 맞바꾸는 대상이 있다는 사실을 알고 우선순위를 확실하게 정해야 한다.

명확하게 하지 않으면 모든 것에 좋다고 대답하는 덫에 빠지기 쉽다. 내가 모든 것을 해낼 수는 없다. 시간은 한정적이고 시간을 어떻게 채울지는 전적으로 나에게 달렸다.

'노'라고 말하기 시작하자 당장 인기가 떨어졌다. 베이비샤워 참석과 신부 들러리를 거절했을 때는 사람들이 잘 받아들이지 않았다. 하지만 시간이 지나자 내 결정을 존중해주는 사람들이 나타났고, 인기를 얻는 것보다 훨씬 가치 있는 일이었다. 가장 중요한 것은 내 시간을 통제할 수 있다는 것이다. 나 자신을 중심에 두고 내가 원하는 방식으로 시간을 사용하게 되었다. 그러자 시간, 공간, 돈이 풍족해졌다.

마음에도 공간이 필요하다

정리의 목적은 공간을 만드는 것이다. 나는 이전보다 물건이 80% 정도 줄어들어 공간이 상당히 많아졌다. 생각했던 것보다 더 많은 물건을 정리했고, 적게 소유할수록 삶에 만족했다. 삶이 완전히 달라졌을 뿐 아니라 느낌도 달라졌다. 집이 넓어 보였고 관리하기도 쉬워졌다. 더 이상 집이 지저분하다고, 청소하는 데 시간이 너무 많이 걸린다고 짜증 내지 않았다. 3시간이나 걸리던 청소 시간이 1시간으로 줄었다.

물건이 적어지면서 수납 가구도 덜 필요했고 생각할 일도 줄었다. 예전에는 청소해야 할 잡동사니로 가득하고, 친구들이 끝없이 방문하고, 사야 할 쇼핑 목록이 끝도 없었다. 머리를 복잡하게 했던 것들이 많이 사라졌다. 정리가 아름다운 이유는 물리적 공간을 만드는 데 그치지 않고 정신적 공간도 마련해주기 때문이다.

쇼핑은 피하기로 했다. 쇼핑에 얼마나 많은 시간과 에너지를 쏟았는지 생각해보면 웃기는 얘기지만, 사실 내가 쇼핑을 좋아하지 않는다는 사실을 깨달았다. 쇼핑이 스트레스를 해소하는 것 이상으로 의미가 없었다. 의식적으로 쇼핑을 하면서 쇼핑이 얼마나 스트레스받는 일인지 알게 됐다.

단지 구경하며 돌아다니는 일도 의미 없어 보였고, 어느 것도 나에게 필요한 물건이 아니었다. 내가 입었을 때 기분이 좋아지는 옷을 찾는 일은 또 다른 스트레스였다. 어울리지도 않고 별로 좋아하지 않는데도 할인에 혹해서 싸게 사고 만족했다는 것을 깨달았다.

이제 쇼핑할 일이 훨씬 줄어들었다. 덕분에 지갑이 두툼해졌고 아무 생각 없이 지출하는 돈 낭비를 하지도 않았다. 내가 정말 원하는 물건인지 생각하는 것만으로도 꽤 많은 돈을 모았다. '정말 필요한가?' 또는 '어떤 가치를 더할 것인가?'를 스스로 묻기만 해도 계산대에서 멀어질 수 있었다. 내가 통제하고 있고 신중하게 행동하고 있다는 느낌이 좋았다. 인생이 훨씬 단순해진 기분이었다.

바로 이때 고소득 직업을 가지는 것이 가치 있는 삶이라는 뿌리 깊은 믿음을 마침내 버릴 수 있었다. 그래서 블로그를 시작하기로 마음먹었다.

잡동사니를 정리하자
꿈을 이룰 시간이 생겼다

나는 블로그를 시작할 시간이나 능력이 있다고 생각해본 적이 없다. 나는 그다지 재미있는 사람이 아니다, 멋지게 만들 시간이 없다, 내가 뭘 하는지 잘 모르겠다, 나는 별로 예쁘지 않다 등 여러 가지 이유가 있었다. 정말 살고 싶었던 삶에 집중하지 못하도록 방해하는 물질적, 비물질적 잡동사니를 없애고 나서야 이 꿈을 실천할 수 있었다. 블로그를 시작하면서 몰랐던 것을 배웠고, 시도하지 않았더라면 후회했을 것이다.

꿈을 크게 갖자. 꿈의 목록을 적어보고 망설이지 말자. 무엇보다 당신의 목록에 대해 다른 사람이 하는 말이나 생각에 신경 쓰지 말자. 꿈의 목록은 당신을 위한 것이며, 무엇이든 할 수 있다. 우리 모두 꿈이 있고 얼마든지 꿈을 이룰 수 있다.

시간을 내서 다음 질문을 생각해보자.

필요한 시간과 공간이 모두 있다면, 정말로 하고 싶은 일이 무엇인가?

NOTES

_____

_____

_____

_____

_____

_____

_____

_____

_____

_____

_____

_____

어수선함이
사라지자
두려움도 사라졌다

대부분의 사람들은 자신의 생각과 감정에만 사로잡혀 혼자 있는 시간을 가장 두려워한다. 거실에 혼자 1시간 동안 앉아 있어보라. 스마트폰, 텔레비전, 책도 없이 말이다. 그냥 앉아서 무슨 일이 일어나는지 보자. 몇 분도 채 지나지 않아 몸을 꿈틀거릴 것이다. 이처럼 우리는 기본적으로 어수선하게 사는 데 익숙하다.

우리는 완전히 혼자 있는 것이 두려운 나머지 어느 것에든 관심을 돌리려고 한다. 하지만 무엇을 하든 외롭고, 다른 사람과 거리감이 생길 뿐이다.

내가 만든 공간은 생기가 넘쳤고 그 공간을 즐겼지만, 공간을 채우고 싶은 강한 욕구도 느꼈다. 이 새로운 공간이 나의 모든 문제를 해결해줄 거라고 예상했지만, 그렇게 쉬운 일이 아니었다. 공간을 새로 만드는 것만으로는 모든 문제를 해결할 수 없었다. 대신

이 공간에서 예전에 한 번도 해본 적 없는 마음의 소리를 들어야 했다.

물건을 소유하고 불필요한 관계를 맺으며 살아오던 오래된 습관을 바꾸기는 어려웠다. 명확성, 단순함, 가벼움은 확보했지만, 마음의 평온을 얻지는 못했다. 내가 만든 공간을 예전처럼 무의미한 것들로 채우면 행복하지 않을 것임을 알았다.

이번에야말로 처음부터 다시 만들 기회였다. 나는 새로 시작하기 위해 리셋 버튼을 눌렀고 이제 또 다른 기로에 서 있었다. 내게 진정한 기쁨과 가치를 주는 것으로 삶을 채우는 것만이 내가 앞으로 나아갈 수 있는 길이었지만, 무엇이 기쁨과 가치를 주는지 몰랐다.

무엇이 내게 즐거움과 가치를 주는지 알기 위해 노력했다. 마음을 가라앉히자 마음의 소리를 들을 준비가 되었다. 삶을 단순화한 후에 삶의 속도를 늦췄다.

단순함에 익숙해지기

마음의 소리를 들으려면 우선 직감에 귀를 기울여야 한다. 나는 직감에 귀 기울이는 방법을 배운 적이 없다. 모든 것이 정해져 있었다. 내 선택, 진학할 대학, 좋아해야 하는 것, 성취하고 싶은 것까지. 내게 가장 좋은 것이 무엇인지도 몰랐다. 직감에 귀 기울이는 방법을 배우는 것은 마치 25세에 글을 깨치는 것과 같았다.

나는 마음의 소리를 듣는 연습을 조금씩 단계적으로 진행했다. 마음 깊은 곳에서 나만의 스타일을 발견하고 기분이 너무 좋았다. 준비운동은 했으니 이제 다리를 뻗어 어디까지 갈 수 있는지 볼 차례였다.

찾고 있던 답이 내 안에 있다고 믿기 시작하자, 지금과는 다른 사고방식에 자신감을 갖게 되었다. 후회하지 않는 삶을 사는 데 별 도움이 되지 않는 이성에 초점을 맞추는 대신 마음이 이끄는 대로 가고 싶었다. 일상생활에서 모든 어수선함이 사라지자 새로운 생각, 느낌, 아이디어가 떠올랐다. 창의적인 사업을 시작하는 등 감히 꿈꾸지 못했던 일들이 갑자기 가까워진 기분이었다. 외출도 최소한으로 했고, 더 이상 돈에 대한 부담을 느끼지 않았다.

더 이상 의미 없는 물건으로 삶을 채우거나 전형적인 성공을 좇지 않기로 하자 집착도 사라졌다. 나는 쳇바퀴에서 내려왔고 예전으로 다시 돌아갈 일은 없었다. 내 마음의 소리에 귀 기울이게 됐다.

마음을 더욱 진정시키려면 경계가 필요하다. 이것은 완전히 새로운 영역이다. 사람들의 기분을 맞추는 것, 번아웃, 정체성 상실, 낮은 자존감 등에서 나 자신을 보호하기 위해 경계를 설정하는 방법을 배워야 했다. 경계가 없으면 우리의 시간과 자존감, 정체성은 무방비 상태가 된다.

자신을 위계서열의 맨 아래에 두기 때문에 녹초가 되도록 일하고 자기 정체성을 잃는다. 가장 간단한 경계는 거절하는 능력이다. 예전에는 가고 싶지 않은 파티가 있어도 체면을 지키고 예의를 차리기 위해 가야 했다. 이 오래되고 익숙한 마음의 소리를 누그러뜨리기는 어렵다.

우리는 충분히 기분 좋아야 한다는 요구에 너무 길들여져서 정체성을 그냥 포기해버릴 뿐 아니라 애초에 정체성조차 가지지 못한다. 이 모든 행동에는 불안감이 깔려 있기에 자신의 주장을 드러내기를 두려워한다.

우리 모두는 다르게 만들어졌고, 우리 중 누구도 비슷하지 않으며, 진정한 자신의 모습을 억누르면 자신을 잃게 된다. 행복과 기쁨은 우리가 누구인지, 무엇을 원하고 무엇을 좋아하는지, 자신만의 충분함을 찾아내는 과정에서 생겨난다.

다른 사람, 특히 부모의 기분을 맞추며 자란 사람은 부모의 말을 거절하는 것을 이기적인 행동이라고 느낄 수 있다. 사회는 이타적인 것에 가치를 두므로 자신을 우선적으로 생각하는 사람을 이기적이라고 판단한다.

비행기 내에서 다른 사람에게 산소마스크를 씌우기 전에 내가 먼저 써야 하는 것처럼 나를 먼저 보호해야 한다. 비행기 내에서는 그것이 기본 규칙이다. 왜냐하면 내가 먼저 산소마스크를 쓰지 않으면 다른 사람에게 산소마스크를 씌워줄 수 없기 때문이다. 나를 더 많이 돌볼수록 다른 사람을 잘 돌볼 수 있다.

이러한 행동 양식을 우물의 관점에서 생각해볼 수 있다. 말라버린 우물에서는 물을 마실 수 없고, 물이 없으면 우리는 살 수 없다. 반드시 자신의 우물에 물을 채워야 그 물을 마시고 최상의 상태에서 다른 사람을 도울 수 있다. 자신을 잘 돌보지 않으면 아무도 도울 수 없다.

마음이 이끄는 대로 살아보기

우리의 직감은 신비하고 놀랍다. 직감이란 본능적으로 무언가를 이해하는 능력이다. 직감은 신뢰, 진정성, 자기애에 따라 사는 것이다. 또한 머리가 아니라 가슴에 따라 사는 것이다. 쉬운 일이 아니며 사회적으로 권하는 방식도 아니다.

직감에 따라 살려면 우선 직감과 맞춰야 한다. 직감은 마음 깊은 곳에서 느끼는 불꽃이나 끌어당기는 힘이고, 일상을 살아가거나 중요한 결정을 내릴 때 무엇을 해야 하는지 알려주는 짜릿한 느낌이다. 또한 우리에게 맞는 선택이 무엇인지 알려준다. 우리에게 도움되고 우리를 지켜줄 거라고 생각되지만 사실은 우리를 힘들게 하는 사고방식과 행동 때문에 직감이 발휘되지 않는다.

자기가 내린 결정에 평안함을 느낄 때, 그 선택이 어려운 길이라 해도 직감이 말해주고 있다는 사실을 알게 된다. 직감은 그냥 옳다는 느낌이다.

우리에게 무엇이 필요한지 귀 기울일 때 느껴지는 불편한 감정과 익숙해져야 한다. 경계를 설정하고 직감에 귀 기울이기는 쉽지 않다. 가장 큰 문제는 다른 사람이 우리를 어떻게 생각할까 하는 두려움이다. 나도 다른 사람들이 나를 나쁘게 생각할까 봐 걱정했다.

　나는 다른 사람들을 실망시키거나, 그들에게 관심 없다는 느낌을 주거나, 아니면 내가 이기적으로 보일까 봐 걱정했다. 문제는 내가 다른 사람들의 욕구를 충족시키려다 정작 내 욕구는 충족하지 못했다는 것이다. 문제는 다른 사람, 특히 내게 독이 되는 사람의 욕구는 절대 만족시킬 수 없다는 점이다. 따라서 영원히 퍼주기만 하는 우물이 되어서는 오래오래 행복한 삶을 꿈꿀 수 없다.

　다른 사람이 우리를 어떻게 생각하는지 신경 쓰지 않고 살 수는 없지만, 이러한 사실을 이해해야 자기 연민을 실천할 수 있다. 다른 사람의 생각을 무시하고 살아갈 수는 없다. 인간은 본능적으로 다른 사람의 생각을 신경 쓰게 마련이다.

　하지만 다른 사람에게 우선권을 넘겨주면 스스로 매우 약한 위치에 놓이게 된다. 약한 위치에서는 자신이 원하는 삶을 살아가기 힘들다. 우리는 먼저 자기 자신에게 충분한 존재여야 한다.

　우리에게는 가장 무서운 것을 막기 위한 하얗고 예쁜 말뚝 울타리가 필요하다. 자신을 보호하기 위해서 울타리를 치는 것이라 생각하고 다른 사람을 신경 쓰기보다 자신에게 맞는 일을 하는 데 집중해야 한다. 그러면 울타리 안에 심어놓은 씨앗이 자라는 모습을 볼 수 있다.

모든 성장 과정이 그러하듯 우선 뿌리를 내리고, 작은 새싹이 돋고, 어느새 묘목이 크고 강하게 자란다. 경계를 설정하는 것은 나에게 이익이 될 뿐만 아니라 더 큰 경계를 설정하기가 더 쉬워지므로 내가 어떻게 느끼는지에 반드시 집중해야 한다.

우리는 다른 사람들에게서 사랑, 소속감, 인정을 얻으려 하지만, 사실은 나 스스로 모든 욕구를 충족할 수 있다. 나의 마음속 깊은 곳에는 나에게 필요한 모든 사랑, 힘, 지침이 있다.

사람들은 내가 기꺼이 주는 것만 나에게서 가져갈 수 있다. 나의 돈, 나의 시간, 나의 에너지를 말이다.

인생이라는
택시의 운전자

눈을 감고 하얀 말뚝 울타리를 상상해보자. 들판, 야생 목초지, 아니면 당신의 정원 등 어디든 좋다. 가장 지키고 싶은 것이 무엇인지 생각하고 울타리 안에 놓아두자. 다른 사람의 생각은 신경 쓰지 않고 자신의 생각에 초점을 맞출 수 있다.

어쩌면 당신은 매일 정해진 시간에 일을 마쳐야 여유 시간을 즐길 수 있을지 모른다. 아니면 당신의 정신 건강에 부정적인 영향을 미치는 것들을 어쩔 수 없이 받아들여야 했는지 모른다.

당신의 흰색 말뚝 울타리 안에 지키고 싶은 것들을 적거나 그려보자. 자신의 진실과 가치에 비추어 보호하고 싶은 것을 우선순위에 두자. 관심받거나 부담을 떠넘기기 위해 당신을 이용하려는 해로운 친구를 거절하는 것일 수도 있고, 마음을 건강하게 해주고 하루의 시작을 준비하는 알찬 모닝 루틴을 만들고 지키는 일일 수도 있다. 당신이 설정한 경계를 시험받겠지만, 진실된 삶을 사는 것은 전적으로 당신의 몫이다.

내 감정의 운전대는 누가 잡을까?

다른 사람의 기분을 맞출 수는 있지만, 자신의 가치를 다른 사람에게 맡기면 정작 나는 불안해진다. 다른 사람이 나의 감정을 조종하는 운전석에 앉고, 나는 외부의 인정만 받으려고 하게 된다. 중요한 것은 내가 나를 어떻게 생각하느냐이다. 자신의 힘과 자신이 충분한 존재라는 감각을 키워야 한다.

다른 사람이 어떻게 생각할지 걱정했던 상황을 떠올려보자. 가족과 불화가 있었을 때, 친구 사이가 멀어졌을 때, 일하면서 의견 차이가 있었을 때를 떠올려보자. 다른 사람이 어떻게 생각하는지에 맞추지 말고 스스로에게 물어보자.

나는 나 자신을 어떻게 생각하는가?

NOTES

_____

_____

_____

_____

_____

_____

Simple
Story

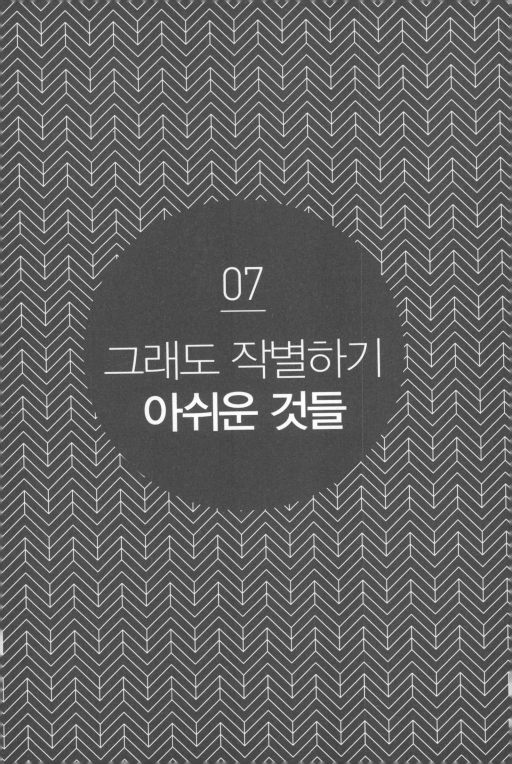

07

그래도 작별하기
아쉬운 것들

우리는 물질적인 삶과 디지털의 삶을 정리했다. 내 삶의 주도권을 갖고, 잡동사니를 정리하고, 자유로운 순간에 도달했다. 삶의 혼돈이 사라진 완전한 미니멀리즘이다. 그런데 몇 달에 걸친 힘겨운 노력과 시간을 들이고도 왜 여전히 행복하지 않은 걸까? 이제 다른 모든 방해 요소를 치워두고, 왜 이렇게 느끼는지 더 깊이 살펴볼 시간이다.

삶에 가치를 더하지 않았던 물질적인 것과 비물질적인 것을 정리하고 생긴 공간은 내가 바라는 대로 채워나갈 수 있다. 나는 직감에 귀 기울이는 방법을 배우기 시작했지만, 익숙해지려면 아직 멀었다. 여전히 친구, 가족, 존경하는 사람 등 외부의 영향에 예민했다. 나 자신을 바라보기보다는 외부에서 인정받고 싶었다.

마음의 소리를 듣는 것에 익숙하지 않으면 자신에 대해 알아가기 어렵다. 인생에서 어떤 일을 겪고 있는지에 따라 마음의 소리를 듣는 연습의 난이도가 달라진다. 나는 지금껏 평생 다른 사람의 생각에 따라 결정해왔기 때문에 자기 신뢰를 더 쌓아나가야 했다. 다른 모든 좋은 관계와 마찬가지로 자기 신뢰를 쌓는 데도 시간이 걸린다. 나에게 부족한 것이 인내심이다.

마치 둥근 구멍에 네모난 말뚝을 끼워 넣듯 성급하게 모든 지침을 그대로 따라 했는데도 미니멀리즘에 적응하기 어려웠다. 나는 깊이 생각하지 않고 미니멀리즘 라이프에 덤벼들었다. 하지만 더욱 신중하게 생각하고 사는 것이 미니멀리즘 라이프의 핵심이다. 나는 다른 사람의 생각, 행동, 말을 너무 잘 받아들여서 내가 무엇을 진정으로 원하는지, 어떤 충고나 아이디어가 나에게 맞는지 스스로 생각하지 않았다.

삶을 대하는 나의 태도는 '모 아니면 도'라는 식이었다. 마치 중간 지대가 없는 것처럼 행동했지만, 현실은 중간 지대에 놓여 있다. 중간 지대는 양극단보다 더 부드럽고, 너무 지나치지 않고, 더 많은 가능성을 지닌 넓은 지역이다. 중간 지대를 무시해서는 안 된다. 재미는 좀 덜할 수 있지만 항상 보다 현실적이고 지속 가능하다.

놀랍게도 내 블로그는 순식간에 성공을 거두었다. 나는 이 성공이 당시 미니멀리즘에 대한 열정과 블로그를 만들고 세상과 공유하고 싶은 나의 집착이 결합된 결과라고 생각했다. 수천 명의 사람들이 나의 여정을 기록한 글을 읽으며 미니멀리즘에 대한 나의 생각, 경험, 의견을 접했다. 사람들은 마치 내가 전문가라도 되는 것처럼 질문했다. 나는 질문에 대답해야 한다는 부담감을 느끼기 시작했다.

미니멀리즘의 영역으로 더 깊이 들어가고 더 많은 대중에게 알려질수록 미니멀리즘이 얼마나 중요한지 명확해졌다. 내가 사기꾼처럼 느껴질 때가 많았고 진짜 슬로 라이프와 미니멀리즘 라이프에 어떤 기준이 있다고 생각했다. 그래서 돈을 잘 버는 데다 어려서부터 평생 타던 말이 있다는 사실에 죄책감을 느꼈다. 극도로 미니멀한 세계에서는 말과 같은 사치품이 존재할 공간이 없으니 이율배반적이라는 생각이 들었다.

새로운 정체성이나 변화를 추구하는 사람들은 일정한 방식으로 행동해야 한다는 부담감을 느낀다. 어울리고 싶은 강한 욕구가 있고 그 속에서 안정감을 느끼고 싶어 한다.

'적게'가 아닌, '적당히'

나만의 스타일을 찾기 전에 처음으로 만들었던 캡슐 옷장은 핀터레스트에서 봤던 옷장과 정확히 똑같은 모습이었다. 그보다 더 미니멀한 모습을 갖출 수 없을 정도였다. 검은색, 흰색, 회색에 각 부분은 최고의 품질에 유행을 타지 않는 디자인이었다. 물건을 적게 소유하면 좋은 점 중 하나는 고품질을 살 여유가 있다는 것이다.

이 기회에 옷장 속의 모든 물건을 업그레이드했다.

흔히 '비싼 값을 한다'고 말한다. 하지만 필요하지도 않은 것에 돈을 쓸 가치는 없다. 우리가 사용하는 모든 것에 돈을 지불한다. 품질 좋은 재료, 값비싼 마케팅 전략, 고급 쇼룸까지, 살 수 있는 범위는 다양하다. 반대로 값싼 노동력, 열악한 동물 복지가 기준이 될 수도 있다.

대학에서 배웠던 최고의 강의 중 하나는 기업의 사회적 책임에 관한 것이었다. 교수님은 기업이 어떻게 가격을 책정하고 이익을 내는지 항상 질문하라고 말했다. 어디서 누군가가 대가를 지불하고 있다는 것이다.

물건을 적게 소유하는 장점이 많았지만, 무언가 잘못된 느낌이었다. 그러한 삶이 좋아 보였지만, 여전히 내가 원하는 모습은 아니었다. 행복하게 살고 싶은 욕구가 강해져서 물질적인 것은 행복을 가져다주지 않는다는 것을 알았다. 내가 찾고 있는 것을 아직 발견하지 못했다.

엄마는 항상 존재하지 않는 무언가를 찾는 나 같은 사람은 절대 행복해질 수 없다고 말했다. 이 말이 계속 뇌리에서 떠나지 않았다. 어떤 사람을 고집이 세다고 볼 수도 있고 의지가 강하다고 볼 수도 있는 것처럼 엄마의 의견도 긍정적으로 볼 수도 있고 부정적으로 볼 수도 있다. 같은 행동도 고상한 품성으로 여길 수도 있고 나쁜 성품으로 간주할 수도 있다.

마음가짐이 매우 중요하기 때문에 자신을 재구성하는 힘을 절대 과소평가해서는 안 된다. 나는 아직 목적지에 도착하지 못했으며, 계속 나아가야 한다는 사실을 받아들이기로 했다.

마침내 정리를 끝냈을 때 내가 느낀 불행은 피할 수 없는 일이었다. 이제 나와 나 자신 사이에 방해물이 전혀 없었다. 마침내 나 자신과 얼굴을 마주했고, 남은 일은 한참을 서로 바라보고 내 안의 가장 깊은 곳으로 빠져드는 것뿐이었다.

적을수록 좋은 것과
넘칠수록 좋은 것

미니멀리스트라고 밝히고 나서 일종의 안전감과 소속감을 느꼈다. 우리가 받아들이는 모든 정체성도 마찬가지다. 어딘가에 소속되는 이유는 거기에 속한 사람들과 동일시하고, 비슷한 관심사를 공유하고, 안정감을 느끼기 때문이다. 축구팀, 정당, 심지어 가족도 마찬가지다.

하지만 모든 단체에는 하위 단체가 만들어지고 그 하위 단체끼리 서로 맞서는 순간이 온다. 집에 재산이 없고 벽이 흰색이어야만 한다고 믿는 극단적인 미니멀리스트가 있고, 중도 좌파와 의견이 맞지 않는 좌파 지지자도 있다. 하지만 나는 부담감을 느꼈고, 빠져나오고 싶었다.

나 자신을 찾는 대신 미니멀리즘 라이프에 동참하면서 정체성을 잃은 느낌이었다. 내 집은 '미니멀리스트 홈 인테리어'라고 검색하면 나오는 여느 집과 다를 게 없었다. 나의 미니멀리즘은 언젠가 죽는다는 사실을 깨닫고 내 삶에 리셋 버튼을 누르고 싶은 간절한 요구에서 비롯됐다. 나는 많을수록 좋다는 믿음을 적을수록 좋다는 믿음으로 바꿨다.

하지만 미니멀리즘이 나의 모든 문제에 대한 해답이 될 수는 없다는 사실이 드러났다. 미니멀리즘은 현재 내 모습으로 옮겨준 도구에 불과했다. 또한 미니멀리즘은 깊이 생각하고, 진정한 나를 볼 수 있는 공간을 제공했다. 미니멀리즘 라이프스타일에 감사하지만 이제 대안을 찾을 준비가 되었다.

소유물에 따라 내 자존감이 결정되지는 않으며, 내가 생각한 것보다 훨씬 적게 소유해도 행복할 수 있고, 잡동사니는 해야 할 일 목록과 같았다. 하지만 물건의 양이 많든 적든, 그것이 행복을 결정하지는 않는다.

나를 사랑하는 마음은 넘칠수록 좋다

나는 현재 내가 가진 것으로 행복해야 하고, 그렇지 않으면 영영 행복을 찾을 수 없다는 통찰력을 얻었다. 현재를 받아들이고 일상에서 아름다움을 찾고 버리는 연습을 해야 했다. 반드시 물질을 버리는 것만을 의미하지는 않는다. 나는 물건을 버리는 데 선수가 되었고, 거기서부터 시작이었다. 훨씬 더 버리기 어려운 감정적인 잡동사니를 정리하기 위해 노력해야 했다. 삶의 외적인 부분이 바뀌었다고 해서 내적이 부분까지 바뀐 것은 아니었다. 변화는 계속 진행 중이다.

내면에 집중해야 한다는 생각에 궁금한 것이 많아졌다. 행복한 삶의 비밀이 마음의 행복을 말하는 것이라면 어떻게 해야 마음이 행복해질까?

내 안에 여전히 남은 외로움은 삶의 공허함으로 메아리쳤다. 더 이상 방해 요소는 없었다. 내가 이미 모두 정리했으니까. 깊고 어두운 외로움이 마치 진공청소기처럼 나를 쳐다보며 채워지기를 간절히 원하고 있었다. 그런데 무엇으로 채운단 말인가?

행복은 평생 입고도 남을 만큼의 옷을 가진다고, 완벽한 캡슐 옷장을 가진다고 얻어지는 것도 아니다. 인생을 무엇으로 채울지 진지하게 생각하는 데 필요한 정신적 물리적 공간이 내게 생겼다. 맥시멀리즘도 극단적인 미니멀리즘도 내게 어울리지 않았다. 나는 다시 한 번 '모 아니면 도'라는 식으로, 중간 지대는 없다고 생각했다.

나는 맥시멀리즘과 극단적인 미니멀리즘 사이에 있는 뭔가가 필요했다. 예를 들어 깊이 생각한 삶, 좀 더 내 개성에 맞춰진 것, 덜 자극적인 것, 보다 중간 지대에 놓여 있는 것 말이다. 행복은 집착하듯 찾는다고 오는 것이 아니다. 다른 사람들의 행복 공식을 좇는다고 얻어지는 것이 아니다. 어떤 사람에게 행복이 다른 사람에게는 행복이 아닐 수 있다. 행복은 저절로 오는 것이 아니라 내가 먼저 찾아야 한다.

당시에 나는 영국의 심리학자 로버트 홀든(Robert Holden)이 말한 '목적지 중독(destination addiction)'에 빠져 있었다. 우리는 행복을 찾으려고 너무 몰두한 나머지 진정한 행복을 모르게 된다. 행복이 있는 곳으로 데려다주는 것은 없다. 우리는 뭔가를 가지거나 달성하면 행복해질 거라고 믿지만, 진실을 보지 못하는 끝없는 길을 가고 있는 것뿐이다.

지금 이 순간 행복하지 못하면 우리는 영원히 행복할 수 없다. 행복은 내면과 넘치는 자기애에서 나온다. 다른 사람이나 물질로 나를 증명할 필요 없다. 이것이 진정한 행복이며, 우리를 평생 지탱해주는 행복이다.

단순하지만
특별하게

남들과 다르면서도 더욱 단순한 나만의 삶을 찾고 싶었다. 지금까지 배웠던 모든 것들을 나름대로 다시 해석해서 나에게 어울리는 것으로 바꿀 때가 되었다. 다른 사람과 완전히 똑같아질 수는 없다. 물론 다른 사람을 따라 하면 안전한 기분이 들고, 모방하면서 새로운 것을 배울 수 있다. 하지만 다른 사람을 따라 하는 것은 나만의 스타일을 알아낼 때까지 유효하다. 모든 종류의 창의적인 노력이 좋은 예시다.

미술 시간에 처음에는 걸작을 모방하면서 배운다. 나는 반 고흐의 〈해바라기〉, 알브레히트 뒤러의 〈기도하는 손〉, 피카소의 큐비즘을 따라 했지만 진짜 내 것이 아니었다. 내가 만든 작품을 내 것으로 만들고, 있는 그대로의 내 모습으로 만들고, 나의 직감을 기르고, 자신을 깨닫게 해주는 것은 바로 나만의 스타일이다.

다른 사람을 모방하는 것도 기술이지만, 나의 삶을 포함하여 독특한 무언가를 만들어내는 것보다 더 만족스러운 일은 없다. 많은 사람들이 힘들어하는 것은 뭔가 새로운 것을 만드는 데 필요한 용기다. 완전히 독창적인 것은 없다. 우리가 얻은 영감들을 결합하는 것이 독창성이다.

미니멀리즘이 제공한 공간과 슬로 라이프가 선물한 변화에서 배운 것들을 나의 창의적인 작업뿐 아니라 삶에도 적용하고 싶었다. 말하자면 나만의 미니멀리즘과 슬로 라이프를 만들어내는 것이다. 이제는 다른 사람들이 만든 미니멀리즘 규칙을 깨야 했다.

단순함과 충분함이 같지 않을 때

나는 미니멀리즘의 덫에 빠졌던 것 같다. 적게 소유하다 못해 내가 물건을 가질 가치가 없는 사람이라고 생각하기에 이르렀다. 습관 전문가 그레첸 루빈(Gretchen Rubin)은 쇼핑할 때 너무 많이 사는 사람(나)과 너무 적게 사는 사람(나는 절대 아님) 두 부류로 나뉜다고 말했다. 2가지 습관 모두 충분하지 않은 상황이다.

너무 적게 사는 사람은 자신이 물건을 가질 자격이 없다고 생각하고, 너무 많이 사는 사람은 자신의 부족함을 보충하려고 물건을 산다.

변화하려면 어떤 행동이 왜 나타나는지를 파고들 필요가 있다.

나에 대해 더 많이 알수록 나를 객관적으로 볼 수 있고 행동을 바꾸기 쉽다. 인생이 도로이고 생각, 느낌, 행동이 도로 위에 있는 자동차라고 하자. 객관적인 시각을 가진다는 것은 도로 위에서 길을 잃는 것이 아니라 길가에 앉아 차량을 보는 것이다. 나의 생각, 느낌, 행동을 명확하게 바라볼 수 있다는 것이다.

나의 충분함에 대한 생각을 바꿀 때가 됐다. 내가 가진 것이 많든 적든 이대로 충분하다고 받아들이고, 내 정체성과 위치를 진정으로 발견해야 한다.

너무 많이 버려서, 너무 포기해서 후회할까? 그렇다. 정리하는 동안 나에게 더 친절하고 상냥했다면 좋았을까? 그렇다. 다른 사람에게 미니멀 라이프를 추구하는 이유를 신중하게 생각해보라고 하겠는가? 물론이다.

나는 변화를 절실히 원했기에 더 의미 있는 삶을 찾기 위해 무모하고 적극적으로 나섰다. 여느 초보자와 마찬가지로 그 과정에서 실수를 저질렀다. 나는 미니멀 라이프를 위한 열정과 열의가 매우 용감하다고 생각한다. 새로운 시작을 위해 꼭 해야 할 일이었다.

더욱 단순한 삶으로 가는 길이 완벽할 수는 없다. 그 길은 장애물과 실수, 그리고 가장 중요한 배움으로 가득 차 있다. 부처는 진리로 가는 길에 단 2가지 실수를 할 수 있다고 말했다. 끝까지 가지 않는 실수와 시작조차 하지 않는 실수. 적어도 나는 시작했고, 아직은 포기하지 않았다. 계속 나아가면서 계획을 다시 세워야 했다.

더욱 단순하고 의미 있는 삶은 내면에서 시작되어야 한다. 나 자신에게 강요할 수 없다. 강요한다면 진정한 내 삶이라고 할 수 없다. 미니멀리즘은 내가 통제할 수 있고 잡동사니가 없으며 정돈된 삶을 주었지만, 진정한 기쁨을 가져다주는 만족스러운 삶과는 다르다. 당신도 마찬가지일 것이다. 당신의 여정은 다른 사람의 여정과 다를 것이다. 내가 나만의 규칙을 찾았듯이 당신도 당신만의 규칙을 찾기 바란다.

내가 원하는
심플 라이프 찾기

더욱 단순하고 의도적인 삶을 만드는 만능 공식은 없다. 이러한 사실을 깨달았기에 자유롭게 나만의 방법을 찾을 수 있었다. 끝없는 시행착오를 거치면서 당신만의 방법을 찾기 바란다.

다음 질문에 대해 어떤 생각이 떠오르는지 적어보자.

단순한 삶에서 얻고 싶은 것은 무엇인가?

당신에게 충분함은 어떤 모습이며 어떤 느낌인가?

NOTES

_____

_____

_____

_____

_____

Simple
Mind

08

오늘 하루를
정리하기

내 마음에
좋은 것들만
먹이기

미니멀리즘, 슬로 라이프, 채식주의, 건강과 신체 단련 등 다양한
라이프스타일이 있다. 이러한 라이프스타일은 우리가 가진 모든
문제를 해결해줄 듯 보인다. 삶이 버거울 때 해답을 줄 것 같다.

우리는 종종 끌리는 사회집단과 연결되어 권위 있는 사람들의 가
치와 의견을 공유해야 한다고 생각한다. 마치 여왕벌이 뭐가 쿨하
고 쿨하지 않은지 결정하면 다른 모든 일벌들이 따르는 것과 같다.
이처럼 자존감이 부족하면 남들과 어울리기 위해 남을 따라 하게
된다.

나는 남의 생각을 따르면 내 진정한 자아를 찾을 수 없다는 것을
알았다. 내가 동경하고 인정받고 싶어 했던 사람들처럼 산다면 스
스로 만족감을 느낄 거라고 생각했다. 하지만 나는 만족감을 느끼
지 못했다. 예전보다 기분이 좋아졌고 어디엔가 몰두하고 있었지

만 무언가 잘못된 느낌이었다.

내면을 더욱 단순하고 의미 있게 채울 수 있다는 사실을 깨닫기 시작했다. 나는 외부에서 인정받는 것이 아니라 내적인 인정이 필요했다. 외부의 영향을 받는 삶이 아니라 내가 외부로 영향을 주는 삶을 살고 싶었다.

나만의 단순하고 만족스러운 미니멀 라이프를 찾기 위해 다른 사람들의 기대와 생각을 완전히 버리고 틀에서 벗어나는 방법을 생각했다. 매력적이었지만 새로운 미니멀 라이프에 맞지 않다고 생각해서 그만두었던 모든 것, 예를 들어 벽에 걸어둘 예술작품 또는 화려한 드레스 등을 생각해보았다. 새로운 정체성에 맞지 않는다고 해서 나에게 매력적인 것들을 거부해야 할까? 이때 나는 그저 하나의 집착을 다른 집착으로 바꾸었을 뿐이라는 것을 깨달았다. 진정한 나의 모습을 찾으려면 많은 용기가 필요하고 나는 그 용기를 어디선가 찾아야 했다.

이때쯤 블로그 팔로어가 급격히 늘면서 나의 부담감은 더욱 커졌다. 진짜 내 모습을 다른 사람들과 공유하고, 외부의 인정을 받기 위해 썼던 가면을 벗고, 진짜 내 모습을 드러내기가 두려웠다. 모든 사람들이 팔로와 구독을 취소하거나 비웃을까 봐 걱정됐다. 버림받을까 봐 너무 두려워서 내 글을 읽는 수천 명의 사람들에게 찾으라고 얘기했던 진정한 나의 모습을 나는 되레 버리려고 했다. 위선자가 된 기분이었고 회의감이 들었다.

내면의 갈등으로 스트레스와 불안감이 커졌다. 마치 둥근 나의 자아를 사각형 구멍에 끼워 넣는 것 같았다. 아무리 노력해도 불가능한 일이었다. 무언가 변화해야 했다. 괜히 여기까지 온 게 아니었다. 나는 여전히 인생에 해가 되는 모든 사람들을 끊어내지 않았고, 끝없는 쇼핑 중독을 억제하지 않았으며, 당장 해야 하는 일에 안주해서 창의적인 꿈을 좇지도 않았다. 경계 수준을 더 높이고, 더 나아가 마음의 속삭임에 귀 기울일 때가 됐다.

우리의 진정한 자아가 혼란스러울 때 다양한 부작용이 나타난다. 허리 통증, 피부 트러블, 스트레스, 불안감 또는 불면증 등 감정적 또는 신체적 증상이 나타난다. 안에서 무언가 잘못되면 항상 밖으로 드러나게 마련이다. 이때 잘못을 찾아내서 자신을 비판할 필요 없다. 진정한 자아가 말하는 이야기에 귀 기울이고 내적 자아와 외적 자아가 하나가 되도록 변화해야 한다. 그래야 진정한 마음의 평화를 느낄 수 있다.

내 이야기 정리하기

나는 더욱 단순하고 느리고 의미 있는 라이프스타일이 어떤 모습인지 생각해보고 일기를 썼다. 일기 쓰기를 좋아하는 건 아니었지만 쓰고 싶은 마음은 항상 있었다. 대부분의 로맨스 소설처럼 어릴 때 나도 쇠 자물쇠가 달린 비밀 일기를 좋아했다. 그 일기장에 레

오나르도 디카프리오에게 보낼 연애편지를 썼다. 우리는 천생연분이라고 설득하는 내용으로 말이다.

사춘기에 내 감정을 깊이 느끼기 시작하면서 일기장은 나를 화나게 한 사람에게 화풀이하는 공간이기도 했다. 그러나 나이가 들수록 일기 쓰기가 벅찼다. 머릿속에 생각이 너무 많았던 데다 내 생각을 적고 싶지 않았다. 일기를 쓴다는 것은 삶에서 별로 좋지 않은 일과 내 감정, 생각을 받아들인다는 의미다. 어디서부터 시작해야 할지, 무엇을 써야 할지도 몰랐다.

일기를 다시 쓰게 된 것은 줄리아 카메론(Julia Cameron)의 《아티스트 웨이(The Artist's Way)》에서 중요하게 다룬 아침 일기 덕분이다. 일어나자마자 생각이 많아지기 전에 매일 아침 자유롭게 일기 네 쪽을 쓰는 것이다. 무엇을 써야 할지, 또는 쓰지 말아야 할지에 대한 규칙이나 법칙은 없다. 어떤 생각도 좋으니 판단하지 않고 표현한다. 재미없거나 의미가 없어도 되고, 당신의 영혼과 의식 사이에 통로를 열어서 이야기를 시작하면 된다.

다른 사람들이 일기를 볼 일도 없다. 심지어 줄리아 카메론은 일기를 다 쓰고 나면 갖다 버리라고 조언했다. 아무리 지루하고, 강렬하고, 부끄러워도 가장 내밀한 생각과 감정을 있는 그대로 표현하는 것은 아름다운 일이다.

몇 달간 아침 일기를 쓰고 나서야 나에게 맞는 일기 쓰기를 발견했다. 네 쪽을 쓰기가 어렵다고 느끼면서 단순화했다. 아울러 매일 쓰지 못하더라도 괜찮다고 생각했다. 책이나 온라인에서 발견한 일기 주제를 따라 하고 그날의 느낌과 계획 등 하루에 있었던 일을 자세히 적었다.

글쓰기는 우리가 느끼는 것을 실제로 볼 수 있는 것으로 바꾸는 행동이다. 생각과 감정을 꺼내는 것은 마음의 위안을 얻고 진정한 자아와 대화할 수 있는 좋은 방법이다. 당신의 직감이 전화기 옆에 앉아서 당신에게 전화가 오기를 끊임없이 기다리고 있다고 상상해보자. 일기 쓰기는 수화기를 들고 직감에게 직통 전화를 거는 좋은 방법이다.

모든 인간관계가 그렇듯 자신과 더 오래 대화를 나눌수록 더 가까워진다. 일기 쓰기를 통해 나 자신을 되돌아보고, 내 의식과 무의식이 가까워지면서 나 자신과 더 나은 관계를 만들었다. 내 모든 생각, 감정, 사고를 모두 일기에 적으면서 나 자신과 내 결정에 더욱 자신감을 가졌다.

또한 일기와 나 자신을 친구로 바라보기 시작했다. 이 친구는 밤이든 낮이든 항상 내 곁에 있었다. 나는 무슨 일이 있을 때 일기에 의지할 수 있다는 것을 알았다.

생각나는 대로 적기

일기 쓰기에 정해진 규칙은 없다. 옳고 그른 방법도 없다. 일기 쓰기의 목표는 생각과 감정을 배출하는 것뿐 아니라 정신 건강에 도움되는 습관을 만드는 것이다. 무엇이든 일기에 쓰자. 어디서 시작해야 할지 모른다면 하루 동안 있었던 일, 느낌 또는 감사한 내용을 기록해본다. 그냥 마음에 떠오르는 대로 써도 된다. 당신이 그날 몸과 마음으로 얻은 것이면 무엇이든 상관없다.

일기 쓰기 가장 좋은 시간

나는 아침에 일기 쓰는 것을 좋아한다. 생각이 복잡해지고 바쁜 일상이 시작되기 전에 말이다. 하루를 끝내고 잠들기 전에 일기를 써도 된다. 저녁에 일기를 쓰면 힘을 풀고 머리를 비워서 차분하게 숙면을 취할 수 있다. 당신에게 가장 좋은 시간에 일기를 쓰면 된다. 적어도 15분에서 30분 정도 앉아서 쓰고, 원하는 시간만큼 아무런 방해도 받지 않고 일기를 쓴다.

생각날 때 쓰기

매일 하는 사소한 일은 가끔 일어나는 큰일보다 우리에게 더 큰 영향을 미친다. 일기를 쓰면서 기분이 좋아진다면 가능한 매일 일기를 쓴다. 일기를 빼먹거나 아예 안 쓰는 날이 있어도 실망할 필요 없다. 나는 몇 달 동안 매일 일기를 쓸 때도 있고 한두 주 빼먹기도 한다. 일기를 쓰면 기분이 좋아지고 도움이 되기에 매일 쓰고 싶다.

내 이야기를 쓰는 7가지 습관

• 새로운 습관을 만들 수 있는 공간을 마련하자. 시간이 없다면 다른 일과 일기 쓰는 시간을 바꿔보자. 예를 들어 텔레비전을 보거나 부정적인 소셜미디어를 읽는 대신 일기를 쓰면서 자신을 돌본다.

• 일기장은 자신에게 특별한 것이어야 한다. 매일 펼치고 싶을 정도로 좋은 노트여야 한다. 이 노트를 다른 용도로 쓰지 말자.

• 작게 시작해서 천천히 크게 만들어가자. 하루에 한 줄이나 단 2분 동안 일기를 써본다. 처음 시작하기에 좋고, 장기간 계속할 수 있는 방법이다. 일기를 길게 써야 한다는 부담감을 느끼거나 어떻게 써야 한다는 규칙을 정하지 말자. 그저 일기를 쓰는 습관을 들이면 된다.

• 일기가 도움이 되는지, 차라리 다른 걸 하는 편이 좋은지 확신이 서지 않는 시기를 잘 버티자. 실패했다고 생각하기 전에 여유를 갖고 노력해보자.

• 일기가 어떻게 도움되는지 생각해보자. 일기가 정신 건강에 좋은 것은 사실이지만 정확히 어떤 영향을 미치는지 알아야 계속 써나갈 수 있는 동기를 얻는다.

• 일기를 즐겁게 쓸 수 있다면 무엇이든 한다. 쓰고 싶지 않은 것은 쓰지 말고, 써야 한다는 의무감으로 쓰지는 말자. 즐거움과 성장을 위해서만 일기를 쓴다.

• 다른 사람이 내 일기를 볼까 봐 걱정된다면 잘 숨겨두고 다른 사

람에게 일기를 쓴다고 알리지 마라. 다 쓴 일기는 버리거나 비밀번호를 설정하고 디지털 일기를 쓴다.

일기를 쓰면서 내 감정을 살피고, 자신과 긍정적인 대화를 나누고, 내 생각, 감정, 행동을 되돌아보았다. 나에 대해 아주 많은 것을 발견했다. 생각의 파편과 양심의 가책이 거미줄처럼 엮이는 공간인 셈이다. 잉크가 종이 위에 진실을 담아내면서 많은 것이 분명해졌다. 일기를 많이 쓸수록 나에 대해 많이 발견했다.

일기는 나만의 더욱 단순하고 의도적인 삶을 느끼게 해주었다. 겉으로는 완벽해 보여도 안으로는 끔찍할 수 있다. 과즙이 터져 나올 것처럼 잘 익은 복숭아가 막상 깨물어보니 속은 썩었다고 생각해보자. 나는 다른 사람들이 어떻게 보든 내가 좋다고 느끼는 것을 얻으려고 노력했다. 내가 좋다고 느끼면 옳은 것이다. 내가 좇던 행복과 만족은 결국 느낌이지 겉모습이 아니다.

남들과
다른 것에
익숙해지기

삶의 목적을 좇다가 어느 순간 갇혔다는 느낌이 들 때 처음으로 돌아가 시작했던 이유를 떠올려본다. 해답은 거기에 있다.

우리가 욕망하는 이유를 알아야 강력한 동기를 얻고 가장 힘든 시기를 견뎌낼 수 있다. 라이프스타일 운동, 새로운 습관 또는 목표도 마찬가지다. 나는 부엌 식탁에서 기쁨 목록을 적었을 때로 돌아가기로 했다. 여기서 나의 새로운 라이프스타일이 시작되었고, 무엇을 남기고 무엇을 버릴지 결정했으며, 내가 찾던 매우 현실적이고 자기 확신에 찬 모습이 있었다.

이 모든 것을 처음 시작했을 때는 말을 타는 것이 기쁨 목록에서 두 번째 순위였다. 겉으로 보기에 말과 미니멀리즘은 공통점이 거의 없다. 말은 부유한 사람, 특권층, 사치스러운 사람들의 전유물이다. 말을 관리하려면 비용은 물론 시간과 에너지가 많이 필요하다. 하지만 인생에서 흔히 그렇듯이 보이는 것과 실제는 다르다. 나는 말을 타는 소녀의 모습과 거리가 멀었다.

엄마는 어릴 때 조랑말을 갖고 싶어 했다. 어린 소녀들이 흔히 갖는 꿈이지만, 엄마는 그 꿈을 잃어버리지 않았다. 말과는 거리가 먼 노동자 계층이었던 할아버지 할머니는 엄마의 꿈을 단칼에 거절했다. 엄마는 열일곱 살에 처음 번 돈으로 첫 번째 말 벤슨을 샀다.

벤슨은 거의 탈 수 없을 정도로 제멋대로인 갈색 말이었지만, 엄마는 그래도 좋았다. 그 어떤 것도 엄마를 막을 수 없었다. 엄마는 말들에 둘러싸여 살고 싶어 했다. 하지만 스무 살에 엄마는 언니 루시를 낳고 간호사 일을 하면서 말까지 탈 수는 없었다.

인간은 다른 사람에게 애정을 받고 싶어 한다. 어린 시절에 버림받았거나 무시당했거나 충분하지 않거나 안전하지 않다고 느낄수록 더 많은 사랑을 받고 싶어 한다. 다른 사람의 사랑과 인정은 일시적이기는 하지만 매우 효과적인 반창고가 된다.

두 살 무렵 아빠가 내 인생에서 사라졌을 때 내 영혼에는 공백이 생겼다. 버림받은 것은 처음이었고, 기억은 전혀 나지 않지만 깊은 상처로 남았다. 부모 중 한 사람에게 사랑받지 못한 것은 나에게 큰 영향을 미쳤다. 나는 끝없이 행복을 바라며 아빠가 남긴 공백을 채우려고 노력했다.

엄마에게 의존하고 싶었지만 싱글 맘이었던 엄마는 일해야만 했다. 엄마는 항상 야심차게 경력을 쌓았고, 절대 지지 않는 성격이

어서 나의 삶을 이미 정해놨다.

엄마는 국가보건서비스에서 일하는 간호사였고 교대근무를 했으며 개인병원에서 일주일에 한 번 추가로 야간근무도 했다. 우리 가족은 일정한 루틴 없이 항상 불안정했다. 나는 보통 밤새 혼자 집에 있어야 했다. 이 길고 외로운 밤이 열 살 때 시작됐다.

아빠는 없고 엄마는 일하느라 바빠서 나는 독립적인 생활 방식을 빨리 익혔다. 우리 가족을 위해 뭐든 하려는 책임감도 강했고, 야간근무를 마치고 온 엄마가 편히 잠들 수 있도록 최대한 소리를 내지 않았다. 엄마에게 걱정을 끼치지 않으려고 아침에 혼자 밥을 차려 먹고 시간에 맞춰 통학 버스를 탔다. 나는 몹시 외로웠고, 혼자 있기엔 너무 어렸다.

엄마의 목표는 돈을 많이 벌어서 내게 좋은 환경을 제공해주는 것이었지만, 어린 나이에 혼자 시간을 보내다 보니 부작용이 있었다. 엄마가 나를 사랑한다는 것은 알았지만, 영혼 깊은 곳부터 버림받을 수 있다는 두려움이 있었다. 성인이 된 후에 문제를 유년기 탓으로 돌리는 것은 나름 근거가 있다. 우리의 성격은 태어나서 25년 정도 꾸준히 발달하고 어른의 모습에 어린 시절이 반영된다. 나는 사랑받고, 안전하고, 소속되었다는 느낌을 간절히 원했다.

평범하지 않다는 것은 특별하다는 것

1990년대에는 결손가정이 지금처럼 흔하지도 않았다. 너무 부끄러웠고 엄마 아빠가 모두 있는 다른 친구들이 부러웠다. 더구나 언니는 할아버지, 할머니와 사는 게 더 좋다며 나와 함께 살지 않았다. 나는 '평범한 사람'에 속하고 싶었다. 하지만 나의 노력은 소용없었다. 완전히 잘못된 길로 잘못된 목적지를 향해 가고 있었다.

우리 가족에게 삶이란 고달픈 것이었다. 물질적으로는 늘 충분했다. 깨끗한 집이 있었고, 냉장고에는 음식이, 옷장에는 옷이 충분히 채워져 있었다. 하지만 나는 아주 외로운 아이였다. 아빠의 부재와 풀타임으로 일하는 엄마는 내 삶에 큰 공백을 남겼다. 나는 혼자 시간을 보내거나 엄마가 일하러 간 동안 다른 사람의 보살핌을 받았다.

엄마는 남자와 파티에는 관심 없었고, 가족과 일을 위해 살았다. 간호사로서 성공하고 최고의 엄마가 되기 위해 많은 것을 희생했다. 엄마는 언니와 나에게 자신이 갖지 못했던 것을 주려 했는데, 그중 하나가 말이었다. 엄마는 자랑스럽게 말했다. "말 덕분에 아이들이 나쁜 길로 빠지지 않아요."

일곱 살이 되던 해에 처음으로 조랑말을 샀다. 베이비라는 이름에 얼룩덜룩한 회색 암말이었고, 쇼에 나갈 때는 멤피스 벨이라고 불렀다. 아주 어린 시절은 말과의 기억으로 가득하다. 너무 어려서 언제 처음 말을 탔는지도 기억나지 않는다. 말을 타는 것은 내게 숨을 쉬는 것과 같다.

주말에는 수영장이 딸린 친구들 집에 놀러 갔는데, 친구들이 우리 집을 보고 싶어 할까 봐 두려웠다. 우리 집은 아주 평범한 사우스요크셔 가운데 있는 수수한 방 2개짜리 연립주택이었다. 엄마는 어렵게 번 돈을 말에 너무 많이 써서 휴가나 새 차를 사는 데 쓸 돈이 없었다. 나는 말을 타기 위해 살았다고 할 정도로 거기에 너무 많은 것을 희생했다.

우리 가족의 삶은 내가 바라던 평범한 삶과는 거리가 멀었다. 가족이 함께 떠나는 휴가, 나를 사랑하는 엄마와 아빠, 녹슬지 않은 자동차는 모두 내 소원 목록에 포함돼 있었다. 우리 집에는 남자가 없었는데, '우리에겐 남자가 필요 없다'가 가훈이었다.

평생 남들과 다르다고 생각했고, 항상 간절히 소속감을 느끼고 싶었다. 말을 갖고 있었으니 전형적인 노동자 계층이라는 느낌도 없었고, 그렇다고 중산층이나 상류층에 속하지도 못했다. 나는 한 번도 소속감을 느끼지 못했다. 포니 클럽과 포니 쇼에서 굉장히 부유한 아이들에 둘러싸여 항상 열등감을 느꼈다.

학교 친구들은 우리 아빠가 어디 있냐고 묻곤 했다. 아빠가 없다고 하자 친구들은 혼란스러운 눈빛으로 나를 바라봤다. 어떻게 아빠가 없을 수 있냐는 듯이 말이다. 나는 아빠가 어디 있는지 모른다고 대답했지만, 그 사실을 인정하기가 고통스러웠다. 그럴 때마다 버림받았다는 상처가 더 아프게 느껴졌다.

포니 클럽 아이들의 삶은 훨씬 더 안전하고 사랑이 가득했으며 자신감으로 당당했다. 나는 그 아이들을 우러러봤다. 이때의 기억 때문인지 나는 여전히 돈 많고 자신감 넘치는 사립학교 여자아이들보다 더 무서운 존재는 없다고 생각한다.

나는 남들과 달라도 된다고 생각하지 못했다. 남들과 다른 나만의 것들을 감추려고 했다. 나 자신을 받아들이지 못하고 차라리 다른 사람인 척하는 편이 좋았다.

말을 소유하고 있으면서 스스로 미니멀리스트라고 하려니 앞뒤가 맞지 않는 듯했다. 말이냐 미니멀리스트냐, 어느 한쪽을 선택해야 한다고 생각했다. 그러나 의문이 들었다. 한쪽을 선택하지 않고 중간에 있는 것이 잘못인가? 둘 다 가지면 안 되는가? 어느 것도 나를 제한할 수 없다는 것을 깨달았다.

후회하지 않는 삶을 사는 것이 목적이라면 내가 진정으로 원하는 것에서 시작해야 한다. 아무리 노력해도 어디에도 속하지 못한다면, 어느 한쪽을 목표로 삼을 필요 없다.

단순한 삶을 위한 규칙 세우기

나의 이야기는 다른 누구도 아닌 바로 나 자신만의 이야기다. 내가 마주한 어려움과 힘들게 하는 것들 모두 가치 있다. 이러한 것들을 통해서 힘을 얻기 때문이다.

자라면서 너무 예민하다는 소리를 들었다면 그것을 긍정적인 특성으로 받아들이기 어렵다. 하지만 예민한 성격이 얼마나 멋진지 생각해본 적이 있는가? 모든 것을 깊이 느낄 수 있다면 예술가, 작가, 창의적인 직업을 가지는 데 유리하다. 예민함은 창의적인 작업을 하기 위한 필요조건이며 원천이다.

다른 사람과 다르다는 것은 두려워할 일이 아니라 축하해야 할 일이다. 우리는 진정한 자신이 되어야 한다. 나의 모든 특별함을 부정하지 않아도 된다. 남에게 맞추는 것은 거짓된 안정감이며, 진정한 자신이 되었을 때 안도감을 얻는다.

영화 〈퀸카로 살아남는 법(Mean Girls)〉에 나오는 고등학교에서 앉는 자리가 정해진 것처럼 정해진 그룹에 맞춰야 하는 것은 아니다. 어디에 앉아야 하는지 작은 표를 달고 태어나지 않았다. 모두 서로 다르게 태어났다. 안정감을 느끼기 위해 상자 속에 자신을 가둘 필요가 없다.

"나에 대한 당신의 인식이 당신의 모습이며, 당신에 대한 나의 반응은 나 자신에 대한 인식이다"라는 바비 체그윈(Bobbi Chegwyn)의 말이 있다. 다른 사람에 대한 생각은 자기 자신을 반영한다. 다른 사람이 나에 대해 어떻게 생각할지 걱정될 때마다 이 말을 떠올리고 상황을 객관적으로 바라보려고 한다.

내가 진정한 미니멀리스트가 아니라고 비판하는 사람이 있다면 그 비판은 절대 나에 대한 생각이 아니며, 비판한 사람이 자신의 정체성에 큰 불안감을 갖고 있다는 뜻이다. 그들의 비판으로 자신을 의심해서는 안 된다. 자기를 의심하면 불안감만 늘어날 뿐이다.

내가 나에게 옳은 일을 하고 있다는 사실을 알면 훨씬 더 단단한 기반이 생긴다. 이것이 우리가 진정한 변화를 통해 자신을 지지하고 다른 사람들에게도 똑같이 행동하도록 영감을 주는 방식이다.

나는 포니 클럽에 속한 부유한 아이가 아니었고, 싱글 맘도 아니었으며, 획일화된 미니멀리스트도 아니었다. 나는 그저 나였다. 바로 그것이 나만의 미니멀리즘이다. 나는 다른 사람이 되려고 했지만 실패했다. 결국 내가 될 수 있는 건 나 자신뿐이다.

나 자신과 보내는 시간을 즐기자

우리는 남다르게 살려고 노력하며 많은 시간과 에너지, 돈을 낭비한다. 하지만 삶은 그렇게 어렵지 않고 진정한 자신이 되는 일은 생각만큼 무섭지 않다. 자신에 대해 알아가는 초기에는 쉽지 않겠지만, 더욱 풍성하고 놀랍도록 아름다운 여정이다.

미니멀리즘은 나에게 새로운 의미를 부여했다. 나는 모든 전문가와 그들의 규칙, 기대, 규제를 신경 쓰지 않기로 했다. 대신 기본으로 돌아가 미니멀리즘의 핵심은 거절의 미학이라는 사실을 기억했다. 나에게 도움되지 않고 가치를 더하지 않거나 기쁨을 가져다주지 않는 것을 거절하는 것. 그렇다면 누가 나에게 규칙, 기대, 규정 등을 알려주는가?

나만의 규칙을 만들고 내가 누구인지, 나에게 충분한 것은 무엇인지 결정하는 것은 '나'이다. 성장하면서 나의 결정을 계속 수정해야 하고, 그에 따라 삶도 변할 수밖에 없다.

나는 공식을 따르지 않고 나만의 방식을 만들었다. 우리는 모두 인생에서 어느 순간에 중요한 질문을 마주하게 된다. 나는 누구인가? 나는 무엇을 원하는가? 빨리 대답할 필요 없지만, 인생이라는 배를 고정하는 닻처럼 늘 생각해볼 가치가 있다. 이 질문들은 우리가 누구인지를 가르쳐주기 때문이다.

지금 모습 그대로 충분하다고 믿을 때 나의 개성, 나의 이야기,

나만의 독특함을 포용하게 된다. 나 자신이 있는 그대로 충분하다고 믿을 때 증명할 것도 숨길 것도 없다. 나의 가치는 다른 사람의 가치보다 더 중요하고 진정한 내 모습이다. 우리는 스포트라이트를 받을 자격이 있다. 그렇다고 대담하거나 뻔뻔할 필요는 없다. 조용히 진실에 따라 살고 나를 있는 그대로 보여주는 것은 담대한 발언을 늘어놓는 것만큼이나 힘이 있다. 선택은 당신의 몫이다.

우리는 보통 자신이 얼마나 특별한 존재인지 깨달을 기회를 놓친다. 자신을 존중하는 것이 두려울 수도 있다. 특히 나와 다른 부류에 섞이려고 노력해왔다면 어디서부터 시작해야 할지 모른다.

시간을 두고 사소한 것부터 시작하자. 너무 많이 생각하지 않아야 한다. 보통 처음 대답이 진심이다. 그 답을 받아들이고 다른 사람의 의견은 신경 쓰지 않는다. 부모, 친구 또는 소셜미디어에서 다른 의견이 나올 수 있다. 다른 사람은 잊자. 그들은 당신의 대답을 볼 수 없다. 자신만을 위해 대답을 적어보자. 자신과 보내는 시간을 즐기고 마음의 소리에 귀 기울여보자. 자신의 대답에 놀랄 수도 있다.

내가 사랑하는 것들과
친해지기

자신과 자기 삶에서 사랑하는 것들을 모두 적어보자.

남들과 비교하는 덫에 빠지거나 스스로를 가혹하게 몰아붙일 때마다 이 목록을 참고한다. 매일 아침 나의 모든 것과 내가 가진 모든 것에 감사하는 마음으로 일어날 것이다. 그리고 내가 특별한 존재라는 것을 인정할 때 부족한 느낌이 들지 않는다.

자신감 있게 대답하자. 어떤 이유로 괴롭힘이나 학대당했다면, 그로 인한 불안감을 다른 관점으로 바라보자. 당신의 특별함이 상대에게 위협이 되었기에 괴롭혔을 수도 있다.

나의 특별한 점을 어떤 방식으로 받아들일 수 있을까?

NOTES

Simple
Mind

09

생각
정리

감정의 쓰레기통을 비워라

"자기 자신을 좋아하세요?"

상담을 시작했을 때 처음 받은 질문이다. 나는 고개를 저으며 "아니요"라고 중얼거렸다. 그 대답을 하면서 눈물이 차올랐다.

진실을 받아들이기 힘들었지만 나는 솔직하게 대답했다. 나는 내가 싫었다. 좋아할 만한 게 뭐가 있었겠는가? 나는 외모를 전부 바꾸고 싶었다. 특히 코는 더 작고 곧게 뻗었으면 했고, 체중도 최소 6킬로그램 정도 빼고 싶었다. 더욱 당당하고 창의적인 인물이 되고 싶었고, 거울에 비친 내 모습이 아름다웠으면 했다. 내 안의 비평가는 끊임없이 나를 비판했다.

일본의 킨츠기라는 예술은 물건의 불완전함을 존중한다. 물건이 깨지면 금가루나 다른 귀금속 가루를 섞은 송진으로 수리한다. 깨진 부분을 가리거나 새것처럼 만드는 것이 아니라 오히려 더 부각해서 물건의 역사를 존중한다. 사람의 결점도 존중되어야 하고, 이 결점이 우리를 강하게 만든다.

트리아의 상담실에 처음 갔던 날 내 인생이 완전히 바뀌었다. 이전에도 상담받은 적이 있다. 열 살 때 섭식장애로 간간이 상담을 받아봤기에 어떤 식으로 진행되는지 알고 있었다. 그때와 다른 점이라면 내가 도움을 '원한다'는 것이었다. 나는 기분이 좋아질 수 있다면 기꺼이 상담받을 생각이었다.

하고 있던 일에 한계를 느껴서 코치를 고용해야 할지 심각하게 고민 중이었다. 온갖 비즈니스 팟캐스트를 듣고 블로그 글도 읽었지만 무슨 이유에선지 불안감을 극복할 수 없었다. 다른 블로거들과 작가들은 잘해나가는 것 같은데 나는 적극적으로 나서는 게 너무 어려웠다. 좋아하는 브이로거처럼 비디오를 찍고 싶었지만, 카메라를 켜기는커녕 켜는 생각만 해도 떨렸다. 더욱 민감한 주제에 관해 글을 쓰고 싶었지만, 너무 두려워서 시작할 엄두도 내지 못했다. 잘나가는 사람들은 커피 미팅만으로도 책 계약을 척척 하는데, 나는 제안하기조차 어려운 일이었다.

나는 마음이 조급했고 하룻밤 사이에 바라던 결과를 얻고 싶었다. '나를 고칠' 수만 있다면 무엇이든 할 생각이었다. 매주 나는 어린 시절로 뛰어들어 잘못된 것을 모두 바로잡아서 인생에 어려움이 없어 보이던 사람들, 여전히 꿈을 좇고 매우 행복해 보이는 사람들처럼 될 준비가 돼 있었다.

상담이 끝날 때마다 트리아는 같은 말을 했다.

"해야 할 일은 대부분 이 방 밖에서 벌어져요. 자기 자신을 관대하게 대하고 이 모든 것이 과정이라는 걸 기억하세요. 시간이 걸리는 일이고 지금 아주 잘하고 있어요."

나는 패키지 여행처럼 정확히 무엇이 문제인지, 그것을 극복하는 방법은 무엇인지 알려주길 원했다. 하지만 나 스스로 해결책을 찾아내야 했다.

물론 트리아가 옆에서 길을 알려주고 질문을 하지만, 해답을 찾아가는 것은 오롯이 내 몫이었다. 늘 그렇듯 트리아의 말이 맞았다. 시간이 걸리는 일이었다. 그것도 아주 많은 시간이. 이제 막 시작했을 뿐이었고 갈 길이 멀었다. 우리는 두 손을 맞잡고 여정을 함께했다.

우리는 문제를 해결하기 위해 맨 처음으로 돌아갔다. 내 어린 시절이 내가 아는 사람들의 어린 시절과 다르다는 것은 알고 있었지만 그게 어떤 영향을 미쳤는지는 제대로 알지 못했다. 내가 처음으로 깨달은 것, 처음 찾은 돌파구는 내 감정을 제대로 느끼지 않고 있다는 것이었다. 아주 어릴 때부터 내 감정을 제대로 느끼기가 너무 고통스러워서 감정을 피하는 법을 배웠다. 어릴 때는 효과가 있었다. 감정을 억제하면서 어려운 시기를 지나왔지만 이제는 통하지 않았다.

잡동사니 감정 정리하기

내 감정에 이름을 붙이고 느끼는 법을 배우는 것이 첫 번째 숙제였다. 한번은 상담을 마치고 집으로 돌아와 "나는 어떤 감정을 느끼고 있는가?"라는 질문에 답을 할 수 없어서 감정을 검색해본 적도 있다. 그러다 감정 목록을 발견했다. 아무것도 없는 데서 생각해내는 것이 아니라 감정 목록에서 고르는 것이었다.

'나는 어떤 감정을 느끼고 있는가?'라는 간단한 질문을 던지고 대답했다. 평소처럼 아무 생각 없이 '난 괜찮아, 나쁘지 않아'라고 대답할 때보다 기분이 훨씬 좋았다. 어쩌면 내 안에 너무 많은 감정을 너무 오래 담아두다 보니 가득 차서 흘러넘치기 시작했던 것 같다.

감정들을 처리하지 않고 놔두면 언젠가는 흘러나오게 마련이다. 제대로 처리되지 않으면 다른 방식으로 영향을 미친다. 주로 문제를 일으키는 방식으로 말이다. 따라서 우리는 항상 자신의 감정을 느끼고, 그 감정을 받아들이고 지나가는 것이 좋다.

불편한 감정을 받아들이는 것은 매우 힘든 일이다. 나는 쾌락을 추구하고, 인스타그램을 통한 만족을 즐겼던 사람이다. 불편한 감정을 받아들이기가 쉽지 않았다. 괜찮지 않으면서도 항상 괜찮은 척했다. 내 욕구를 희생해서라도 다른 사람들의 기분을 맞추려고 했다. 안 괜찮아도 된다는 사실을 몰랐다.

괜찮지 않으면 뭔가 굉장히 잘못됐거나 부끄럽거나 창피한 일이라고 생각했다. 우리 사회는 우리가 항상 행복해야 하고 그것이 인생이라고 장려하기 때문에 부정적인 감정을 품을 마음의 공간이 없다. 하지만 인생은 그렇지 않다. 늘 행복한 삶이란 환상이다.

행복한 삶이라는 거품이 터지면서 안도감이 밀려왔다. 슬프고, 무섭고, 외롭고, 불안하고, 화가 나는 게 정상이다. 인생에 음지 없이 양지만 있을 수는 없다. 이 모두가 하나의 여정이다. 인생에서 행복 대신 추구해야 할 더욱 현실적인 목표는 만족감이다.

인생에서 고통을 피할 수 없지만 만족감을 경험할 수는 있다. 고통받는 동안은 행복할 수 없지만 고통이 더 큰 여정에서 잠시 머무는 휴게소라고 생각하면 만족감을 느낄 수 있다.

긍정적이건 부정적이건 내 감정을 느끼라는 격려의 말에 강한 거부감을 느꼈다. 내 몸 구석구석에서 거부 반응이 일어났다. 스스로 대답을 찾고 싶지 않았고, 어떻게 해야 할지 누군가 말해주길 바랐다. 그냥 앉아서 속상해하며 고통을 느끼는 대신 행동을 취하고 싶었다. 그 모든 과정이 고문 같았다.

감정을 느끼지 않기 위해 무슨 일이든 해왔다. 그런데 나 자신을 벌주던 것이 불편한 감정을 받아들이지 못하는 나의 무능력이라는 사실을 깨달았다. 중요한 일에 실패하면 너무 고통스러울 것이다. 그런 두려움 때문에 시작하지 못한다.

감정을 받아들이는 일은 늪지 사이를 걷는 것과 같다. 모든 것이 불쾌하고 매 순간 되돌아가고 싶다. 하지만 이 불쾌한 과정을 이어

갈수록 나는 뭔가를 알아간다는 사실을 깨달았다. 트리아가 약속한 대로 얼마 지나지 않아 불쾌한 기분이 스쳐 지나간 것처럼 사라졌고, 기분이 훨씬 좋아졌다. 민감한 주제, 책 제안 등 그토록 두려웠던 것들을 향해 긍정적인 발걸음을 내디딜 수 있었다.

자기 인식은 일단 켜고 나면 끌 수 없는 스위치와 같다. 자기 자신을 명확하고 객관적으로 보면 절대 잊을 수 없다. 매주 트리아는 나를 알아가는 데 도움을 주었다. 평생 피해왔던 위험한 길이었지만, 그 반대로 사는 것이 더 만족스러운 삶을 사는 유일한 방법이다. 행복해 보이는 사람들을 따라 하는 것이 아니라 내가 가진 것을 활용할 수 있도록 나에 대해 잘 알아야 한다. 나를 좋아하는 법을 배울 수 있을지 누가 알았겠는가?

생각의 패턴을
정리하라

상담하는 동안 모든 것이 어린 시절로 귀결됐다. 성장하는 동안 아빠의 부재가 내 삶에 공백을 남겼고, 그 공백이 얼마나 큰지 깨달았다. 내 영혼에 아빠의 공백이 있었다. 어린 시절이 원망스러웠고, 분노도 느꼈다. 받아들이고, 슬퍼하고, 놓아주어야 할 것이 많았지만, 내가 피해왔던 모든 고통이 새로운 시작이었다.

아빠의 부재에 엄마는 너무 바빠서 나는 사랑받지 못하고, 쓸모없고, 버려진 느낌을 받았다. 이 원초적이고, 끔찍하고, 사악한 고통이 내 안에서 자라났고 몇 년에 걸쳐 나타났다. 나는 사랑스럽지 않고, 충분히 착하지도 않고, 선천적으로 뭔가 잘못됐다고 생각했다. 다른 사람들에게 사랑받을 자격이 없다고 생각했다. 물론 나 자신을 사랑하지도 못했다. 결국 이 아픔은 분노가 되었다. 모든 아픔이 그렇듯 나 자신을 향한 분노였다.

엄마가 일하러 가고 집에 혼자 있던 어느 날 밤, 〈퍼펙트 바디 (Perfect Body)〉라는 영화를 봤다. 직업적으로 성공을 거두면서 섭식 장애를 겪은 앤디라는 젊은 체조 선수의 이야기를 담은 영화였다. 주인공 앤디와 마찬가지로 나도 날씬해 보이고 싶었다. 영화에 나오는 체조 선수들은 화려하고 딱 내가 원하는 외모를 가졌다. 포동포동 살찌지도 않고, 안짱다리도 아니었다.

주인공이 폭식해서 탈이 나는 장면을 보고 나도 똑같이 폭식해봤다. 너무 많이 먹어서 탈이 나는 것이었다. 하지만 아무리 먹고 또 먹어도 아무 일도 일어나지 않았다. 다음에는 탈이 날 만한 음식을 먹어보려고 오렌지를 껍질째 먹었다. 이번엔 약간 탈이 날 뻔했지만 그리 심하지 않았다. 그러다 영화에서 주인공이 목구멍에 손가락을 집어넣던 장면이 생각났다. 나도 목구멍에 손가락을 집어넣고 조금 전까지 폭식했던 음식을 모두 게워냈다. 그러자 이전에 느끼지 못했던 안도감이 느껴졌다. 공복감과 함께 먹어도 살찌지 않을 거라는 성취감을 느꼈다.

이때부터 폭식증이 시작됐다. 고통스러운 감각을 느끼고 싶지 않거나 자신을 통제하고 싶을 때 나는 일부러 구토를 했다. 음식을 먹는 것만이 내가 통제할 수 있고 내게 위안을 주었다.

내 감정은 무슨 색깔일까?

트리아의 말대로 폭식증에 나르시스라고 이름 붙였다. 왜 그랬는지 모르겠지만, 그 이름이 어울린다고 생각했다. 트리아는 증상을 의인화하고 정체성을 부여해서 나 자신과 분리하는 것이 가장 좋다고 했다. 그래야 어떤 문제를 다루고 있는지 정확하게 알 수 있다는 것이다.

먼저 폭식증의 색을 먹구름 색깔인 빨강, 검정, 회색으로 정했다. 폭식하고 싶은 충동이 들 때면 구름이 몰려오고 날카로운 칼이 하늘에 나타났다. 그럴 때면 두려움을 느꼈다.

나는 굉장히 빠른 속도로 폭식증 전문가가 됐고 수치스러운 비밀에 대단히 집착했다. 만족스러운 몸을 만들기 위해 가장 좋아하는 음식을 먹고 나서 다시 게워내는 데 취미를 붙였다. 가능한 물을 많이 마시면서 먹어야 목이 아프지 않게 액체 상태로 토할 수 있다는 사실을 알아냈다.

최악의 경우 아침에 일어나면서부터 하루에 열 번씩 몸무게를 쟀다. 체중계에 올라갈 때마다 줄어드는 것을 보고 몸무게 재는 일이 가장 즐거웠다. 매번 밥 먹고, 운동하고, 토할 때마다 체중을 쟀다. 조심스럽게 옷을 다 벗고 정확히 같은 위치에 체중계를 놓아서 절대 숫자를 잘못 읽는 일이 없도록 했다. 하루에 다섯 번 이상 토하는 일은 다반사였다. 매일 그랬다. 나는 고통의 어둠에 갇혔고, 영양실조 상태였으며, 도움이 간절히 필요했다.

아무도 나의 이상한 점을 알아채지 못했는데, 이것은 폭식증 환자의 특징이었다. 우리는 침묵 속에서 고통받았다. 거식증은 고통이 밖으로 드러나지만, 폭식증은 모든 것이 보이지 않는 곳에서 이루어진다. 거식증을 앓으면 길에서 쓰러져 죽지만 폭식증 환자는 사람들 앞에서 정상적으로 먹고 몸도 정상적으로 보인다.

나는 통제하는 느낌을 가장 좋아했고 토할 때마다 안도감을 만끽했다. 공복을 느끼며 성취감을 맛봤고 너무 어지러워서 누워 있어야 했다. 아무에게도 이러한 사실을 드러내지 않았다. 다른 모든 중독자처럼 나는 증거를 감추고, 나에게 문제가 있다는 사실을 완전히 부인했다. 삶의 대부분이 통제 불가능한데 몸 안에 들어가고 나가는 것을 통제할 수 있다고 생각하니 기분이 훨씬 좋아졌다.

하지만 결국 사람들이 눈치채기 시작했다. 적어도 엄마는 확실히 알게 됐다. 어느 날 토하는 모습을 엄마에게 들켰다. 그날따라 화장실 문을 잠그지 않았던 것이다. 굴욕적인 병원 진료에서 강한 수치심을 느낀 나는 비밀을 더 깊숙이 감추고 싶었다. 가족 중 누구도 그 일에 대해 언급하지 않았다.

가족들이 알고 있다는 사실을 나도 알고 있었고, 가족들도 내가 안다는 사실을 알았다. 가족들이 속삭이는 소리를 내가 들을 때도 있었고, 내가 토하는 소리를 가족들이 들을 때도 있었지만, 우리 모두 그 일에 대해 말하지 않기로 했다. 우리는 몇십 년이 지나고 나서야 함께 앉아서 폭식증에 대해 솔직하게 대화를 나눴다.

자신을 혐오하면 항상 끝이 좋지 않다. 우리는 더 많이 누릴 자격이 있다. 우리가 감추고 있는 모든 고통과 분노는 외부에서 인정받거나 내면에 있는 비판을 잠재우는 것만으로는 치유될 수 없다. 오직 사랑으로만 치유할 수 있다. 사랑은 세상에서 가장 강력한 힘이고 얼마든지 이용할 수 있지만, 충분히 활용되지 않는다.

무엇보다 자신을 사랑하고, 보살피고, 양육해야 하는데, 그러기위해서는 먼저 자신을 알아야 한다. 그래야 치유가 시작된다. 사랑을 느끼는 방법을 모를 수도 있지만, 우리는 자신에게 필요한 것을줄 수 있다. 우리가 사랑을 느끼지 못하는 이유는 어린 시절의 경험을 성인기에 투영하기 때문이다. 우리는 어린 시절에 사랑이 무엇인지, 사랑이 어떤 느낌이고, 어떻게 만들어지는지 배운다.

다른 사람이 나에게 주는 것이 사랑이라고 배운다. 성인이 되면집을 떠나 부모 대신 나에게 사랑을 줄 수 있는 파트너를 찾기 시작한다. 다른 사람에게 받는 사랑을 너무 많이 기대하고 나를 사랑하는 것을 게을리하면 큰 불행이 닥친다.

천천히 이러한 깨달음을 얻고 생각이 바뀌었다. 생각의 패턴, 믿음, 행동은 우리 모습에 너무 깊이 새겨져 하루아침에 바꾸기는 불가능하다.

폭식증은 기댈 만한 해방이 아니었지만, 그렇다고 두려워할 것도 아니었다. 관심받고 싶어 하는 고통이었으며, 치유가 필요했다.

고통의 소리를 듣지 않아서 몸과 마음이 모두 망가졌다.

인정과 자각을 통해 나 자신에게 다가가면서 많은 것을 배웠고 성장하는 데 도움이 되었다. 나 자신과 더 조화로워지는 느낌이었고 그 과정에서 외부 세계에 대한 걱정도 줄었다. 일을 줄이고 속도를 늦추고 적게 소유하는 삶에 집중하기도 쉬워졌다. 한때 다른 사람에게서 찾으려 했던 인정, 보살핌, 관심을 자신에게 주었다.

상담을 통해 아빠가 없다는 사실에 수치심을 느낄 필요 없고, 엄마의 불완전함이 나를 향한 엄마의 사랑 부족이 아니라는 사실을 깨달았다. 이 2가지를 깨달은 덕분에 부담감을 많이 덜 수 있었고, 스스로 부여했던 책임감과 나 자신을 향한 분노와 고통을 없앨 수 있었다. 내 모습 그대로 충분하지 않다는 믿음이 사라지기 시작했다. 이제 스스로 치유할 수 있었다.

한 번의 깨달음으로 단숨에 치유되지는 않는다. 그보다 훨씬 더 많은 것이 필요하다. 그 여정은 길고 사각지대와 일 보 전진, 일 보 후퇴가 가득한 구불구불한 길이다. 어떤 날은 다른 날보다 더 힘들지만 나를 안다는 것이 위로를 준다.

나 자신을 증명할 필요도 없고, 이미 있는 그대로 충분하다. 단지 그것을 깨닫지 못하거나 믿지 못했을 뿐이다. 하지만 늘 선택할 수 있었고, 그 선택지는 우리 모두에게 있다. 충분한 상태가 되고 충분히 가지는 것은 내가 결정할 문제이고, 우리는 늘 긍정적인 것을 선택할 수 있다.

당신의 이야기는 어떠한가? 당신이 겪고 있는 어려움은 무엇인가? 인생을 바꾼 결정적인 순간은 언제인가? 당신의 불충분함이 어디서 비롯되었는가?

이 질문에 대답해야 다른 선택을 할 수 있다. 상담 비용이 비싸다고 생각될 수 있지만 치유하기 위해서는 꼭 시도해보기 바란다. 상담을 받기 어렵다면 적어도 일기 쓰기, 자기 인식 추구, 자신과 건강한 관계를 키우기 위해 해야 할 일을 하자. 미래의 당신이 현재의 당신에게 감사할 것이다.

1년을 하나의 단어로
정리하라

새해 결심은 항상 거의 실행하지 못했고, 목적을 이루기 위한 당근이라기보다 자신을 향한 채찍으로 느껴졌다. 솔직히 말해 목표를 세우는 것에 회의적이다. 목표를 하나 달성하고 나면 곧바로 그다음 목표로 옮겨간다. 목표를 달성하지 못하면 실패했다는 생각이 든다. 이러한 상황이 악순환이 되어 절대 기분이 좋아질 수 없다.

목표를 세우고 달성하는 것은 물론 좋지만, 이루지 못하더라도 그 과정에서 많은 것을 얻을 수 있다. 목표를 달성하는 것 자체보다 방향과 의도, 우리가 끊임없이 지향해야 할 한계에 집중하는 편이 좋다. '올해의 단어'는 이러한 접근 방식에 딱 맞아떨어진다. 더욱 가볍고 건강한 대안이 될 수 있다.

방향을 제시하고, 당신이 성장할 수 있도록 돕고, 목표를 추구하거나 꿈을 실현하는 과정에서 올바른 방향을 벗어나지 않게 지켜

주는 단어를 선택한다. 어떤 면에서는 자신에게 수여하는 상일 수도 있다.

당신이 선택한 올해의 단어는 방황하거나 안전지대를 벗어났을 때 기댈 수 있는 곳이다. 또한 다음에 무엇을 할지, 상황을 좋게 만들고 자신이 느끼고 싶은 감정에 가까워지는 방법이 무엇인지 결정할 때 의지하는 대상이다. 어떤 행동이 이 단어를 반영할지, 단어에 맞춘 삶은 어떤 모습과 느낌일지 생각한다.

가장 좋은 점은 애초에 확실한 목표를 설정한 게 아니므로 항상 긍정적인 조치를 할 수 있고 실패하지 않는다는 점이다. 넘어질 때마다 당신의 단어가 잡아주고, 먼지를 털어주고, 일으켜주고, 제자리로 돌려놓는다.

내가 첫 번째로 정한 올해의 단어는 '진심'이었다. 연약함을 받아들이면 내 삶은 어떤 모습일지 궁금했고, 진심 어린 삶이 기다리고 있다고 확신했기 때문에 이 단어를 선택했다. 갑갑한 느낌이 들어서 안전지대를 벗어나 앞으로 나아가야 한다는 생각이 간절했다. 개인적인 삶과 직업에서 위험을 감수하고 싶었지만, 가능할 거라고 생각하지 못했다. 진심이라는 단어 때문에 내 얼굴을 인스타그램 스토리에 드러낼 수 있었고, 아는 사람이 없는 파티에도 갈 수 있었고, 원하는 것을 사랑하는 사람들에게 말할 수 있었다. 또한 완벽주의를 내려놓고 거기에서 오는 모든 보상을 누릴 수 있었다.

자신이든 일이든 집이든 간에 완벽해지려고 애쓰는 대신 나 자신에게 이 질문을 하기 시작했다. '충분히 좋은가?' 해내는 것이 완벽한 것보다 좋고, 연약함을 드러내는 일이 두렵지만 그 너머에 진실한 삶이 있다는 사실을 알게 됐다.

그다음 해에 선택한 올해의 단어는 '수용'이었다. 수용을 통해 많은 것에 만족할 수 있었다. 억지로 하는 일을 멈추고 있는 그대로의 상황을 받아들였다. 통제를 포기하고, 오랫동안 붙들고 있었던 완벽함에서 계속 멀어졌다. 나 자신과 내가 처한 환경을 받아들이자 망가진 내면을 완벽한 겉모습으로 포장하려 했다는 사실을 깨달았다.

완벽이란 불가능한 것이다. 정리 정돈이 분명 목적에 부합하고 기분이 좋지만 거기에 집착하면서 스트레스를 받는다면 질문해야 할 때이다. 정리 정돈은 세계적인 트렌드가 되었지만, 우리는 한 단계 더 나아가 내면도 정리해야 한다.

세 번째로 선택한 올해의 단어는 '사랑'이었다. 마음속으로 수용 다음에는 사랑이 따라온다고 생각했다. 삶에서 자신에 대한 사랑과 다른 사람에게 받는 사랑 모두 더 필요하다고 생각했다. 나 자신도 더욱 사랑 넘치는 사람이 되고 싶었다. 사랑을 선택한 해에 지금까지 가장 많은 교훈을 얻고 성장했다. 그해에 내 모습을 진정으로 받아들일 공간이 열리기를 바라며 가장 두려워했던 나 자신의 모습을 바라보았다.

자신을 사랑하는 것은 이기적인 것의 반대이고, 자신을 더 사랑할수록 다른 사람을 더 사랑하고 더 많이 베풀 수 있다는 것을 알게 됐다. 또한 자신을 위해 일하는 것이 생각보다 어려운 일이 아님을 배웠다.

그 한 해 동안 계속된 질문은 '나를 사랑한다면 어떻게 행동할까?'였다. 답은 매번 같았다. 속도를 줄이고, 모든 걸 해내려 하지 말고, 자신의 가치를 채우고, 지금 당장 끌리는 것에 집중하고 나머지는 버리자. 스스로 속도를 늦추고 모든 것을 다 하려 하지 않아도 된다는 것을 받아들이기 힘들었지만 결과는 유익했다. 이때가 가장 즐겁고 유익한 해였다. 그해 나는 한때 불가능하다고 생각했던 이 책을 구상하고 출간했다.

나를 이끌어줄 올해의 단어

자신의 상황을 현실적으로 파악해야 한다. 감정에 충실하자. 지난해를 되돌아보고 자신의 감정이 어땠는지 생각해보자. 무엇이 가장 큰 기쁨을 주었는지, 도움되지 않은 것은 무엇인지 자신에게 물어보자.

그다음에는 내년 이맘때 어디에 있고 싶은지 자신에게 물어보자. 어떤 감정을 느끼고 싶은가? 더 원하는 것은 무엇이고 덜 원하는 것은 무엇인가? 바꾸고 싶은 것은 무엇인가?

이제 그 목표를 어떻게 달성하고 싶은지 생각해보자. 어떻게 해야 당신이 갈망하는 변화를 만들 수 있을까? 평화, 단순함, 용기, 사랑 또는 풍요로운 마음가짐이 필요할지도 모른다. 마음에 떠오르는 몇 가지 단어를 적고 앞으로 1년간 당신을 이끌어줄 단어를 하나 고른다.

이 단어가 당신에게 어떤 의미이며 이 단어에 따라 사는 삶이 어떤 모습이고 어떤 느낌일지 최대한 명확하게 그려보자. 짧게 혹은 길게 적어보자.

나는 올해의 단어를 예쁜 캘리그래피로 적어서 잘 보이는 곳에 붙여놓는다. 컴퓨터 바탕화면으로 저장해도 되고 냉장고에 붙여도 된다. 매일 보면서 마음속으로 확인하자. 책임감 있게 지속할 수 있는 최고의 방법은 '어떻게 올해의 단어에 맞춰 살고 있는가?'라는 주제로 일기를 쓰는 것이다. 분기별, 월별 또는 주별로 써도 상관없다. 그저 자신에게 맞는 방식을 선택하면 된다.

올해의 단어는 우리를 떠나지 않는다. 이 단어는 1년 동안 당신의 일부가 되어 이를 바탕으로 나아갈 수 있다. 이렇게 쌓아 올린 블록들이 우리가 원하는 삶으로 이끌어준다. 가장 좋은 점은 내부에서 외부로 향한 변화라는 것이다.

내 마음속
슬픔들을
다독여라

상담을 통해 배웠던 가장 중요한 개념 중 하나가 바로 내면 아이다. 사람은 성장하면서 아이 때의 모습은 사라진다. 겉모습이 어른으로 바뀌면 어른다운 행동을 할 것으로 기대된다. 그러나 내면 아이는 떠나지 않고 내 안 깊숙이 숨어 있다.

우리는 나름의 개성을 지닌 내면 아이의 모습과 영원히 공감한다. 이 내면 아이는 내 어린 시절의 존재이다. 따라서 어린 시절에 겪었던 긍정적 또는 부정적 경험을 생각하면 내면 아이가 다시 떠오른다.

내면 아이는 우리가 늘 바라던 사랑, 안전, 세심함을 여전히 필요로 한다. 또한 어른처럼 행동해야 한다는 생각에 빼앗아버린 놀이와 재미도 필요하다. 어린 시절의 경험에서 나온 이러한 욕구는 저마다 다르다. 치유하지 못한 숨겨진 고통은 사라지지 않고 내면 아이는 여전히 고통받는다.

이러한 불안감과 상처는 어른이 되어서도 신체적으로나 감정적으로 나타난다. 아무리 괜찮은 것처럼 보여도 내면 아이는 내 안에서 부족하다는 느낌을 준다. 이것이 충분하지 않다는 생각을 하게 만들고, 잘못된 것들로 채우고자 하는 공허함의 원인이 될 수 있다. 이 고통을 치유하는 것이 우리가 할 일이다.

당신은 언제 내면 아이의 감정과 결핍, 욕구를 느끼는가? 나는 자신이 충분하지 않다고 느낄 때마다 다른 사람에게 인정받고 싶은 욕구가 나타난다. 우리는 어린아이와 같은 방식으로 외부에서 이 열망을 충족하려고 애쓴다. 하지만 어른이기에 훨씬 더 유익한 대안이 있다. 우리는 더 이상 이러한 욕구를 충족하기 위해 부모나 보호자에게 의지하지 않는다.

이제 내면 아이를 돌보지 않으면 어른이 되어서도 상처가 사라지지 않는다. 내면 아이를 양육하고 사랑하고 돌보는 것이 우리가 할 일이다. 나와 내면 아이는 분리되어 있고 내면 아이가 원하는 것을 내가 줄 수 있다.

내면 아이가 원하는 것은 숙면, 포옹, 긍정적인 혼잣말, 맛있는 식사 또는 창의성을 발견할 수 있는 놀이 등 다양하다. 우리는 내면 아이와 영원히 연결되어 있고, 우리가 생각하는 것보다 더 많은 도움을 받는다. 내면 아이가 안전하고 사랑받는다는 느낌을 받을 때 어른이 된 우리 자아도 잘 자랄 수 있다.

자기 돌봄의 시간

처음에는 낯설게 느껴지겠지만 자신의 내면 아이와 공감하고 상처를 치유해보자. 내면 아이를 시각화하려면 어린 시절로 돌아가야 한다. 어릴 때 사진을 보고, 좋아했던 영화를 다시 보고, 소리 지르면서 재미있게 즐겼던 놀이를 다시 해본다. 다시 아이가 된 것처럼 일기를 쓰고 읽어본다.

내면 아이가 당신에게 무엇을 말하고 싶은지 물어보고, 그 생각과 감정을 들어보자. 내면 아이가 어떤 감정을 갖고 있는지, 당신이 어떻게 도울 수 있는지, 또 당신에게 무엇을 원하는지 물어보자. 내면 아이가 사랑받고 안전하다는 느낌을 받으려면 무엇이 필요할까? 내면 아이에게 필요한 것들을 충분히 주자. 그렇게 하면 내면 아이가 당신을 채워주고 충분하다는 느낌을 돌려줄 것이다. 내면 아이는 창의성의 원천이다.

내면 아이에게 편지를 쓰거나 직접 말을 걸어보자. 자신과의 대화를 통해 치유하는 방법이다. 내면 아이의 손을 잡거나 데리러 가는 상상을 하고 당신이 듣고 싶은 말, 하고 싶은 얘기를 해보자. 눈물을 흘릴 수도 있지만 일단 시도해보자.

내면 아이와 놀이를 해보자. 온종일 어디에 가도 좋고 30분 정도만 놀아도 좋다. 어린 시절에 긍정적인 경험이 부족했다면 이 방법이 특히 도움된다. 자신이 갖지 못했지만 늘 원했던 어린 시절을 최고의 방법으로 선사하기에 절대 늦지 않았다.

어린 시절 트라우마를 다시 떠올리는 것은 정말 고통스러운 일이므로 필요하다면 믿고 마음을 열 수 있는 전문 상담가의 조언을 받아보자.

나를 돌보는 연습

내면 아이를 시각화해서 자신에게 공감하고 자신과 더 나은 관계를 구축하면서 자기 관리 연습을 할 수 있다. 우리 모두는 돌봄이 필요하고 돌봄을 받을 자격이 있으며, 자신을 충분히 돌볼 수 있다.

다음은 내가 감정적, 육체적, 정신적 웰빙을 실행하는 데 도움이 된 자기 관리 방법이다.

잘 먹고 잘 자기

자기애를 실천하는 여러 가지 방법이 있지만 무엇보다 중요한 것은 기본을 지키는 것이다. 기본이란 배고플 때 잘 먹고, 목이 마르면 물을 충분히 마시고, 매일 밤 충분히 잠을 자고, 기분 좋게 운동하는 것이다. 요가나 거품 목욕도 좋지만, 우선 충분히 잘 자고 잘 먹는 것이 좋다.

내가 원하는 것에 귀 기울이기

필요한 것을 다른 사람에게서 찾지 말고 자신을 잘 살펴보자. 다른 사람에게 효과 있는 것은 중요하지 않다. 필요한 모든 답은 이미 당신에게 있다. 어쩌면 알맞은 장소를 찾아보지 않았을지도 모른다. 자신을 돌보지 않는다고 생각된다면 이렇게 물어보자.

'내가 나를 사랑하면 어떻게 할까?'

귀 기울여 마음의 소리를 듣고 원하는 것을 자신에게 주자. 당신은 원하는 것을 받을 자격이 있다. 당신에게 필요한 것이 무엇인지 알려면 자신의 경계를 지켜야 한다.

조금 부족해도 괜찮은 나

자신을 돌보기 위해서는 우선 자신을 있는 그대로 받아들여야 한다. 인터넷에서 뭐라고 하든 완벽한 사람은 없다. 이 사실을 깨닫지 못하면 괴로울 뿐이다. 누구나 단점이 있고, 그것을 드러내지 않기 위해 최선을 다한다. 우리 모두 마찬가지다. 자신의 장점과 단점을 받아들이고 사랑하는 법을 배워야 진정한 자신의 모습을 찾을 수 있다. 갈라진 틈으로 빛이 들어온다는 사실을 항상 기억하자.

나를 친구처럼 대하기

보살핌이 필요한 연약한 아이를 대하듯 자신에게 관심을 두고 돌보자. 우리의 내면 아이가 어른의 삶에 얼마나 예민하게 반응하는지 안다면 자신을 비난하지 않고 보살필 것이다. 나에게 가장 좋은 친구가 되어 다른 사람에게 주는 만큼 나를 사랑하자. 당신과 같은 상황에 처한 친한 친구에게 뭐라고 말할지 스스로 질문하고 행동하자. 자신의 조언을 신뢰하자.

마음을 다스릴 방법 찾기

명상, 요가, 일기 쓰기, 상담은 기본에 충실하면서 자기 관리의 강력한 토대가 된다. 마음에 드는 자기 관리 연습을 실험해보고 자신에게 가장 잘 맞는 몇 가지 방법을 선택한다. 당신의 마음과 몸, 정신을 풍요롭게 한다면 어떤 방법이라도 괜찮다.

조금이라도 매일 실행하기

자기 관리는 목적지도 아니고, 절대 바꿀 수 없는 체크리스트도 아니다. 자기 관리는 실행이다. 살아가면서 우리의 욕구도 함께 변한다. 자기 관리가 더 많이 필요한 날도 있고, 자신의 욕구를 충족하기 더 쉬운 날도 있다. 끊임없이 실천하는 것이 중요하다. 자기 관리를 꾸준히 하면 실수하지 않으려고 자신을 몰아붙이지 않게 된다. 단점이 있어도 괜찮고, 실수해도 괜찮다. 그게 정상이다. 다시 제자리로 돌아가서 한 번에 하나씩 자신을 돌보는 데 필요한 일을 해나가자.

기분 좋은 일에 집중하기

감정은 행복과 만족을 판단하는 나침반이다. 무언가에 기분이 좋다면 그것에 끌린다는 의미다. 기분이 좋지 않으면 바꿔야 한다는 신호다. 이때 즉각적인 만족감을 조심해야 한다. 잠시 기분이 좋다고 해서 계속해서는 안 된다. 자신이 정말 기분 좋은 일에 집중하자. 자양분이 되는 아침 루틴, 요가, 명상 등 자신에게 가장 잘 맞는 것을 선택하자.

내 몸의 봄 여름 가을 겨울

자기 관리에 관심을 가지면서 생리주기를 추적하게 되었다. 이 것이야말로 내 몸을 주의 깊게 돌보는 방법이다. 생리 기간에는 힘들고 불편하고 심한 경우 고통스럽기도 하다. 하지만 생리를 내 몸에 맞게 활용할 수 있다. 생리주기에는 겨울 봄 여름 가을 사계절이 있고, 그다음에 다시 다음 주기가 시작된다. 겨울은 생리, 봄은 배란 전, 여름은 배란, 가을은 생리 전이다. 이것을 배우기 전에는 내가 어느 단계에 있는지도 몰랐다.

어떻게 생리주기를 중심으로 내면에서 외부로, 더 나아가 생활의 일부로 만들어갈 수 있을까? 생리주기를 부담스럽게 느낄 필요 없다. 우리는 사회가 만들어놓은 구조를 따라야 한다고 생각한다. 하지만 근무시간은 남자들이 만들었기에 당연히 생리주기가 고려

되지 않았다. 여성은 남성과 다르다는 것을 받아들이면 신체적, 정신적 웰빙에 상당히 긍정적인 영향을 미칠 수 있다. 여성은 하루도 빠짐없이 같은 수준의 생산성을 보일 수 없다. 우리는 생리주기에 따라 밀물과 썰물처럼 변하고, 다른 사람보다 더 생산적일 때도 있고, 에너지가 넘칠 때도 있고, 사교적일 때도 있고, 또는 성적일 때도 있다.

생리주기를 추적하는 것은 나의 몸에 관해 배우고 생리주기가 우리에게 어떤 영향을 미치는지 알 수 있는 최고의 방법이다. 일기 한쪽을 사등분해서 한 계절에 한 칸씩 정한 다음 그날 내 기분을 1~4개의 단어로 표현한다. 관찰해본 결과 나는 생리를 시작하기 직전엔 늘 정리하고 싶은 기분이 든다는 특이점을 발견했다. 생리를 하면 몸이 쉴 공간을 미리 준비하려는 본능이다.

생리하지 않는 사람들도 사회구조가 아니라 자기 몸과 에너지 수준에 맞춘다. 달의 주기에 흐름을 맞추는 것도 좋다. 이견이 많지만 나는 모든 사람들이 달의 주기에 영향을 받는다고 믿는다. 사람도 조수나 자연과 다를 바 없다. 다른 생명체보다 우월하다는 생각으로 자연에 맞서는 대신 자연에 순응하는 모습이 얼마나 아름다운가!

우리는 인간이기에 인간성을 받아들여야 한다. 계절에 맞춰 살면 우리가 더 큰 무언가의 일부라는 사실을 깨닫고 달콤한 해방감과 순응을 경험하게 된다. 좋은 날이 있으면 나쁜 날도 있고 다양한 시기에 따라 요구 사항도 달라진다. 우리는 싹을 틔우고 꽃을 피우다 시들어 쉼을 얻는다. 몸이 말하고자 하는 것에 귀 기울일수록 몸과 조화를 이룬다는 느낌을 받는다.

몸속에서 피가 쏟아진다는 것은 휴식이 필요하다는 의미다. 생리 중에는 많이 쉴수록 좋다. 하루 종일 침대에 누워 잠을 자는 것이 가장 좋지만, 현실적으로 어렵다면 계획을 취소하고 꼭 필요한 일만 한다.

생리주기 초반 며칠은 생각하고, 계획하고, 목표를 세우기 좋은 시간이다. 이때는 나만의 스케줄에 따라 나만의 시작점에 있기 때문에 월초보다 의욕이 넘친다. 다른 사람의 스케줄에 따라 움직이지 않아도 괜찮다.

생리주기 중 여름, 즉 배란기는 다른 사람들을 위해 일하고 자신을 돌보는 시간이다. 이 기간에는 집중하기 어려우니 짧은 시간 동안 바짝 일하는 것이 가장 효율적이다.

내 몸은 생리주기에 따라 변한다. 생리를 시작하기 직전에 몸이 가장 붓고 11일쯤 될 때 가장 날씬하다. 항상 똑같은 몸무게를 유지할 수 없으며 호르몬에 따라 몸무게가 변하는 것은 당연하다.

소비하고 싶은 유혹은 생리 전인 4주 차 가을에 보통 강해진다. 이 사실을 알고 나서는 한두 주 더 지날 때까지 물건 사는 것을 미루면서 충동구매를 쉽게 줄일 수 있었다. 나는 가을 시기에 자기 회의감을 가장 많이 느낀다. 그래서 중요한 사업을 계획하거나 떨리는 강연을 하기에 좋지 않다. 이런 일은 여름 시기에 하는 것이 낫다.

생리가 끝난 직후에 에너지가 가장 넘치지만 그대로 두면 쉽게 고갈될 수 있다. 봄 시기 동안 서서히 에너지를 쌓으면 여름과 가을에 에너지를 더 많이 활용할 수 있다.

내 몸은 꽤 멋지다. 매달 내 몸에 맞춰 활동하면 신체적, 정신적 웰빙을 누릴 수 있다.

내 몸의
봄날 찾기

　내 몸의 봄 여름 가을 겨울을 알면 마법 같은 일이 생긴다. 잠재적으로 인생을 바꿀 수 있다. 나만의 생리주기를 찾는 가장 간단하고 효과적인 방법이 있다. 종이를 네 부분으로 나눠서 각각 봄, 여름, 가을, 겨울로 표시한다. 첫날부터 시작해서 생리주기가 끝날 때까지 그날 느낀 점이나 알게 된 점을 몇 마디 적어보자. 몇 달 지나면 패턴이 보인다.

　어쩌면 여름 기간 동안 가장 창의적이고, 다른 시기에는 에너지가 부족하다고 느낄 수도 있다. 일단 자신의 패턴을 알면 그것을 중심으로 계획할 수 있다. 겨울 시기에는 피곤하고 휴식이 필요해서 많은 계획을 세우지 않는 것처럼 보일 수도 있다. 생리주기 추적은 우리의 몸과 조화를 이루는 확실한 방법이다. 내 몸에 맞서는 것을 줄이고 내 몸이 하는 말을 듣고 거기에 맞춰서 움직이면 삶에 만족감을 훨씬 더 채울 수 있다.

NOTES

봄

여름

가을

겨울

Simple
Mind

10

감정
정리

사랑의 조건을 정리하라

삶에서 우리를 짓누르는 물질적인 것들을 정리하는 일 자체가 하나의 여정이다. 많이 정리할수록 우리 삶에 공간이 더 많이 생기고, 그 공간으로 깨달음이 밀려든다. 나 자신과 나의 생각을 방해하는 요소가 사라지면 가장 두려운 순간을 맞이할 수 있다. 진정한 나와 내 생각, 내 느낌을 마주하기 때문이다. 우리가 애써 피하고자 했던 모습 말이다.

이러한 두려움에 굴복하면 성장의 기회를 얻지 못한다. 새로 생긴 공간에서 보고 싶지 않고 좋아하지도 않는 삶의 측면과 나 자신을 수용하는 방법을 배울 수 있다. 여기에는 지금 그대로 충분하지 않다는 인식을 심어준 어린 시절의 트라우마, 우리 모두가 겪고 있는 일반적인 불안감이 포함될 수 있다.

예전에는 친구, 가족, 동료를 보면서 그들이 나와 같은 감정을 느낄 수 없다고 생각했다. 하지만 우리 모두는 생각보다 더 많은 공통점을 가지고 있다. 인종, 성별, 국적 또는 계층과 상관없이 같은 성질과 심리, 감정을 공유한다.

나를 사랑하는 남편, 흠잡을 데 없이 차려입은 아이들, 가정을 꾸리면서 사업체도 운영하고, 그러면서도 매일 멋진 옷을 입는, 모든 것을 다 가진 것처럼 보이는 여성도 똑같이 불안감을 느낀다. 우리 모두 지금 모습 그대로 충분하지 않다고 불안해하며 행복해지기를 원한다.

나는 평생 사랑과 호감도를 협상하면서 살아왔다. '조금만 더 날씬해지면 나를 더 사랑할 거야. 좋은 점수를 받으면 나를 더 사랑할 거야. 멋진 인스타그램 계정이 있으면 나를 더 사랑할 거야.' 목표도 끊임없이 바뀌었다. 충분한 것은 아무것도 없었다. 아무리 노력해도 결승선에 도달하지 못했다. 살을 빼거나 새로운 것을 사면 내 모습을 좋아하기도 했지만, 충분히 사랑스럽다고 생각하지 않았다.

내 삶에 가치를 더하지 않는 모든 물리적인 것을 정리하면서 내가 한 인간으로서 얼마나 불안정하며 나 자신과의 관계가 얼마나 좋지 않은지 밝혀졌다. 문제를 해결하는 데 집중하는 대신 자책했다. 죄책감이 느껴졌고, 돋보기를 꺼내 훼손된 부분을 자세히 보는 대신 잘못된 부분을 대충 덮어버렸다.

진정한 사랑은 조건이 없다. 누군가를 진정으로 사랑하면 그 사람의 존재 자체를 사랑한다. 지키지 않으면 영원히 사랑을 잃게 되는 조건 같은 것은 없다. 자신과의 관계도 마찬가지다. 우리는 존재 자체로 자신을 사랑해야 한다. 우리 모두는 마땅히 사랑받아야 할 존재이다. 다른 사람이 내가 될 수 없다. 그런데 왜 우리는 다른 사람이 되려고 하는가?

나를 사랑하는 데 익숙해지기

나 자신을 사랑하는 것은 지난 30년간 뇌리에 각인된 패턴과 어긋나는 일이었다. 멋지고 아름답고 쉬운 일인 것 같지만, 자신을 사랑하는 법을 배우는 것은 마치 걸음마를 배우는 것과 같다. 어쩌면 그보다 더 어렵고 훨씬 더 많은 시간이 걸리고, 상상보다 훨씬 답답한 일이다. 다른 사람에게 마음껏 베풀었던 사랑과 공감을 나 자신에게 돌리는 것은 정말 낯선 일이다.

나를 받아들이는 것은 적게 소유하는 것과 비슷한 해방감을 주었다. 나만의 충분한 물건, 충분한 공간을 찾았고, 이제는 충분한 내면을 찾을 때가 됐다. 나는 더 이상 주위의 모든 것을 바꾸거나 완벽하게 만들거나 서두르고 싶지 않았다. 인내심을 배웠고, 나 자신을 포함해 모든 것이 충분하다는 믿음에서 위안을 얻었다. 이렇게 생각하니 해야 할 일이 훨씬 줄어들었고, 그래서 감사했다.

나를 받아들이면 나 자신을 사랑할 수 있다. 우리 모두는 다른 사람을 사랑하듯이 나 자신에게도 사랑을 쏟아부을 수 있다. 사랑할 수 있는 것과 사랑하는 기술을 배우는 것은 다르지만, 우리 모두 배울 수 있다는 점에서 좋다.

내가 그토록 혐오하고, 목표를 달성하지도 못하고, 내 기대에 부응하지도 못하고 실망만 주는 나 자신을 어떻게 사랑할 수 있을까? 떠나고 싶은 몸과 진정시키고 싶은 마음과 어두운 영혼을 어떻게 사랑할 수 있을까? 이 모든 질문에 대한 답은 천천히, 확실히, 용기를 내어 사랑하는 것이다.

자신을 사랑하는 일은 생각보다 훨씬 단순하다. 가장 중요한 것은 자신을 사랑할 때의 느낌이다. 다른 사람에게 사랑받을 때 기분이 좋은 것처럼 자신을 사랑할 때 똑같은 행복감을 느낀다.

나 자신에게 사랑과 공감을 표현하려고 할 때마다 오래된 습관과 사고방식이 튀어나왔다. 마치 두더지 게임 같았다. 사랑하는 내 몸을 위해 음식을 먹으려고 해도 요리해야 하는 귀찮음, 좋은 음식을 먹을 자격이 없다는 자괴감, 좋은 음식에 대한 부족한 지식이 밀려들었다. 불가능한 일은 아니었지만 익숙하거나 쉬운 일도 결코 아니었다.

나 자신에게 가혹하고 자기혐오에 빠져 있다는 사실을 깨닫지 못한 것이 문제이기도 했다. 그래서 트리아와의 상담 시간이 매우 소중했다. 트리아는 내가 보지 못한 곳에 조심스럽게 빛을 비춰서 무슨 일이 벌어지고 있는지 볼 수 있게 해주었다. 그리고 같은 일이

다시 발생하면 어떻게 해보라고 알려주었다.

나는 일어섰다가 다시 넘어지고 한 발짝 내디뎠다가 다시 쓰러졌지만, 점점 기분이 좋아졌다. 그렇게 해서 치유되었고, 나 자신을 계속 사랑할 수 있었다. 예전의 패턴이 더 편했지만, 나 자신에게 더 좋은 것을 원했고, 그렇게 하기로 선택했다.

내 몸을 사랑하는 것은 자전거를 타고 달로 날아가는 것만큼 낯선 일이었다. 한 번도 내 몸을 사랑해본 적이 없고, 어떻게 하는지도 몰랐다. 그래서 사소한 것부터 시작했다. 너무 심하게 고통스러울 정도로 강요하지 않고 조금 나아지는 정도만 밀어붙였다.

첫 번째 단계는 발가벗은 내 몸을 보는 것이었다. 한 번도 해본 적이 없는 일이었다. 언젠가 상담 중에 트리아가 거울에 비친 내 모습을 보면 어떤 생각이 드냐고 물었다. 나는 이렇게 대답했다. "내 눈을 바라보며 아름답다고 말하고 싶어요." 그냥 그렇게 서 있는 것이 내게는 큰 목표였다.

옷을 다 입고 상상으로 나 자신과 스트립 포커를 친다고 생각하고, 마침내 맨몸으로 나 자신을 봐도 괜찮을 때까지 옷을 하나씩 벗었다. 샤워 시간을 늘려서 의식적으로 팔다리, 어깨 등 마음에 드는 부위부터 시작해서 마음에 안 드는 부위까지 만졌다. 처음에는 혐오스럽다는 생각이 들었지만, 시간을 들여 연습한 결과 이 과정을 즐기면서 나에 대해 알아가게 됐다.

너무 두려워서 제대로 보지 못했던 내 몸은 사랑을 간절히 원하고 있었다. 시비를 걸고, 무시하고, 학대하는 것은 몸을 사랑하는 방법이 아니다. 그동안 나 자신을 해치는 일만 했다. 이것은 나뿐 아니라 주위 사람에게도 유익하지 않았다. 자기 학대의 악순환을 멈춰야 했다.

나를 사랑하는 것이 가장 단순한 일이다

어린 시절에 나 자신을 사랑하는 방법을 배우지 못했다. 가족들에게 사랑받고 있다는 것은 알았지만 나 자신을 사랑한다는 생각은 하지 못했다. 어떤 점에서는 내가 다른 사람보다 사랑스럽다는 점을 곧 깨달았고, 조건부 사랑을 빨리 이해했다. 많은 아이들이 그렇듯이 착한 행동을 하면 상을 받고 나쁜 행동을 하면 벌을 받았다. 부정적인 감정을 표현하면 나쁜 행동으로 간주되고 밝은 모습을 보여주면 착한 행동으로 간주됐다.

내 어린 시절을 한 단어로 표현하면 외로움이다. 늘 사랑이 부족했다. 한 번도 충분히 안전하다고 느낀 적이 없고 늘 사랑이 고팠다.

그런 감정을 느낀 데에는 이유가 있었다. 우리가 감정을 감추면 그 감정 때문에 생긴 상처가 깊어지고 성인이 될 때까지 트라우마로 남아 내 존재와 일상에 영향을 미친다.

우리 가족에게 자신을 사랑한다는 것은 없애야 하는 안 좋은 자질이었다. 그래서 가족들은 나를 가리키며 "자기가 너무 사랑스러운가 봐"라고 조롱했다. 겸손함과 자기혐오가 훨씬 더 바람직하다고 생각했다. 많은 문화권에서도 그렇게 생각하기 때문에 우리는 매일 기꺼이 자신을 비난한다. 친구들 사이에 앉아서 자신의 장점보다 단점을 말할 때 훨씬 편하다.

나 자신에게 연민을 보이는 것이 처음에는 어색했지만 기분은 좋았다. 나르시스(폭식증에 붙인 이름)가 두려워할 대상이 아님을 깨달았다. 나르시스의 강한 목소리와 거친 단어는 내 고통의 결과였다. 나르시스에게 필요한 것은 싸움이나 침묵, 고함이 아니라 사랑이었다.

나 자신을 더 사랑해야 했다. 나를 더 사랑할수록 덜 아팠다. 폭식한 후에 구토를 하려고 조용히 화장실에 가서 문을 잠그기 직전에 늘 나타났던 끔찍한 감정과 마주할 수 있었다. 그 감정은 생각만큼 무섭지 않았고, 몇 분 내로 사라졌다. 좀 더 시간이 오래 걸릴 때도 있었지만, 항상 지나갔다.

자신을 사랑하는 것은 자기 몸에 영양분을 주는 것과 같다. 폭식과 구토, 굶주림으로 몸을 학대하는 대신 천천히 사랑하는 법을 배웠다. 잘 먹을수록 기분도 좋아지고 보기에도 좋았다. 나 자신을 사랑하는 것은 건강을 위해 달리기를 하고 칼로리를 소모하듯이 마음속에서 칼로리를 완전히 없애는 것과 같다. 달리기를 하러

나가기가 아무리 싫어도 달리고 나면 늘 기분이 좋아졌다. 더 이상 달리기 전이나 직후에 몸무게를 재지 않았다. 느낌이 어떤지가 훨씬 중요했고 마치 인생을 안내해주는 나침반 같았다.

나는 사랑하는 내 몸과 싸움을 멈춰야 한다는 사실을 알았다. 나를 사랑해야 치유될 수 있다는 사실을 깨달았다. 절망스러운 순간에는 이 모든 것을 잊겠지만, 이제 마음속 깊이 새겨져 있기 때문에 곧 기억해낼 것이다. 나의 신념과 사고방식이 조건 없는 자존감으로 바뀌었다. 우리는 자기 이해와 통찰력의 힘을 과소평가하는데, 그 힘을 믿으면 폭풍 속에서 매달릴 수 있는 돛대가 된다.

나는 자기 관리 방법을 여러 가지 시도했다. 우리가 성장하려면 사랑이 필요한데, 자신을 돌보고 사랑하는 방법은 무수히 많다. 내가 사용한 첫 번째 방법은 물론 상담이었고, 그다음으로 정신 건강을 위한 명상, 요가, 영양 보충, 운동을 했다. 수면을 최우선으로 했고, 생산성을 높이기 위해 잠을 줄이는 짓을 멈췄다.

자기 관리를 실천하면서 나 자신이 변화하는 것을 느꼈다.

그냥 내가 되기

자신을 사랑한다는 것은 결점을 포함해서 자신의 모든 것을 사랑한다는 의미다. 사회적 기준에 나를 맞추기보다 그냥 내가 되기가 더 쉽다. 내가 누구인지, 무엇을 원하는지, 어떤 상황에서 내가 어떻게 느끼는지, 있는 그대로 받아들인다.

더 많은 자신감과 자기 신념

더욱 용기 있는 선택을 할 수 있다. 자기애는 우리가 설 수 있는 토대와 같기에 자기를 더 많이 사랑할수록 기반이 더 강해진다. 마치 순풍을 등에 업고 큰 동력을 얻어 앞으로 나아가는 것과 같다. 더 큰 위험을 감수할수록 두려움이 덜하고, 간절히 바라던 것을 해낼 수 있다는 믿음이 생긴다.

더 적게 원한다

자신을 온전히 사랑하면 부족한 것이 없기 때문에 보충해야 할 필요를 못 느낀다. 우리는 이미 가치 있는 사람이기에 명품 핸드백을 산다고 더 가치 있는 것은 아니다.

나 자신과 사귀기

좋아하지 않는 사람과 시간을 보내는 것은 즐겁지 않다. 자신을 좋아하지 않을 때도 마찬가지다. 우리는 혼자 있는 것을 견디지 못하고 끊임없이 다른 사람을 만난다. 보통 나를 더 나은 사람으로 느끼게 하는 사람들을 사귄다. 하지만 사교는 특히 내성적인 사람에게 대단히 소모적인 일이다. 나 자신을 더 많이 좋아할수록 기꺼이 혼자 시간을 보낼 수 있다.

느긋하게 걸어가기

나 자신을 사랑하면 자신을 더 공감하게 되고 자신을 더 이상 의심하지 않기 때문에 평온함을 느낀다. 우리는 자신에 대해 확신을 가질 수 있다. 나 자신을 사랑하면 너무 열심히 노력하는 것을 멈추고, 모든 일에 속도를 늦추고, 나 자신을 조심스럽고 친절하게 대하고, 나만의 시간을 갖게 된다. 모든 것은 때가 되면 밝혀진다고 믿고, 그래도 괜찮다고 생각한다.

다른 사람을 의식하지 않는다

나 자신을 사랑하면 다른 사람에게 맞추는 일이 그다지 매력적으로 보이지 않는다. 자신의 욕구를 먼저 생각하고 다른 사람에게 인정받거나 사랑받으려고 애쓰지 않는다.

거절하기 쉬워진다

나 자신이 사랑받을 가치가 있는 존재라고 생각하면 나에게 좋지 않은 일을 거절할 수 있다. 내가 원하는 것을 누릴 수 있고, 가짜 사랑이나 안정감을 느끼기 위해 다른 사람의 기분을 맞출 필요 없다. 따라서 나 자신에게 해로운 것은 하지 않기 위해 울타리를 치기가 쉽다.

관계에 집착하지 않는다

우리는 자신을 사랑할 때 필요한 모든 것을 이미 가지고 있다. 다른 사람의 사랑을 통해 인정받고 싶은 욕구가 사라진다. 그렇다고 가족, 친구, 연인의 사랑을 받지 못한다는 것이 아니다. 혼자여도 충분히 행복하기 때문에 예전만큼 관계가 중요하지 않다. 행복감을 느끼려고 다른 사람에게 의지하는 대신 자신을 의지하며 만족감을 느낀다.

나를 사랑하는 일은 한 번으로 끝내는 것이 아니라 평생 연습해야 한다. 많이 연습할수록 자신을 더 사랑하게 되고 내가 어쩔 수 없이 넘어질 때 나를 잡아준다. 자기애는 거울을 바라보고 내가 얼마나 멋진지 말하거나(물론 그렇게 해도 괜찮다) 내가 다른 사람보다 낫다고 생각하는 것이 아니다.

나를 사랑하는 일은 단순하다. 그저 인생에서 좋은 것을 누릴 가치가 있다는 믿음이고, 우리 몸에 좋은 음식을 먹는 것이며, 불행할 때 나를 잡아주는 긍정적인 혼잣말이고, 다음 날을 위해 취하는 숙면이다.

다 버리고도
충분하다

느리고 단순하고 의미 있는 삶의 여정을 이어온 지 꽤 오랜 시간이 흘렀다. 죽음에 대한 불안을 경험하면서 더 열심히 정체성을 찾게 됐고 감사함을 느꼈다. 우리는 태어날 때부터 롤러코스터에 묶여 있는 것처럼 삶에는 기복이 있게 마련이다.

　대부분의 사람들은 끊임없이 긍정적인 것만 찾고 부정적인 것은 모두 버리려고 한다. 하지만 삶을 대하는 가장 좋은 방식은 좋은 것 과 나쁜 것 모두 받아들이는 것이다. 둘 다 우리에게 가르침을 준 다. 긍정적인 것과 부정적인 것 모두에서 만족감을 찾을 수 있다. 행복을 찾는 것보다 만족감을 찾는 것이 더욱 현실적인 목표이다.

　세상을 다 얻은 기분일 때도 있고 절망감을 느낄 때도 있다. 오 늘 하루가 안 좋은 날이든, 평범한 날이든, 비극적인 날이든 여전 히 당신에게 소중한 날이며, 여느 다른 날만큼이나 감사해야 한다.

내일을 향해 급하게 나아가지 말고 과거의 아픔에 머물지 말자. 우리가 가진 것은 현재와 미래뿐이다. 가능한 모든 순간을 만끽하자.

자궁경부암 진단을 받지 않았더라면 더욱 단순하고 의도적인 삶을 가꾸지 못했을 것이다. 어쩌면 나이가 훨씬 더 많이 들고 나서 실행했을지도 모른다. 그래서 암 진단을 받은 것에 감사한다. 많은 가르침을 얻었고, 나를 이해하고 발견할 수 있는 기회를 열어주었고, 새로운 모험의 시작이었다.

새 옷이든, 새 친구이든, 성공적인 사업이든 나는 사랑, 수용, 내적 평화를 느끼기 위해 모든 노력을 아끼지 않았다. 우리가 지니고 있는 가장 깊은 욕망이 사물이 아니라 상태라는 것을 깨달았을 때 인생에 변화가 일어난다.

상태란 온라인으로 사는 물건이나 사람이나 또는 어떤 조건을 의미하지 않는다. 상태는 내가 성취하는 것과 상관없이 자신과의 관계에 달려 있다.

나를 사랑하기 위해서는 가장 큰 것을 내려놓아야 한다. 다시 말해 지금까지 내 삶을 정리해야 한다.

나는 어린 시절 내 운명에 빠져 많은 시간을 보냈다. 나와 함께 시간을 보내기 위해 애쓰던 엄마, 내 인생에서 사라져버렸고 내가 사랑받고 있다는 것을 느끼지 못하게 한 아빠. 내가 어떻게 할 수 없는 일들이 내 삶에 엄청난 영향을 미쳤다. 어린 시절에 대해 더 깊이 생각할수록 나를 실망시켰던 사람들에게 더욱 분노했다.

이러한 내면 아이의 눈으로 모든 것을 바라보며 권리와 결핍을 내세웠다. 이러한 사고방식의 피해자는 나였고, 삶에서 감사할 부분을 전혀 못 느꼈다. 또한 주변 사람들에게 공감하지 않았고, 모든 인간은 결함을 가지고 있으며 우리가 가진 것으로 최선을 다해야 한다는 사실도 인정하지 않았다. 더 나쁜 사람들이 있다는 생각은 하지 않고 불만에 가득 차 있었다.

내게 무슨 일이 벌어졌는지가 아니라 왜 벌어졌는지를 생각해야 할 때였다. 인생에서 변하지 않는 진리가 하나 있다면 내가 영향을 주고 바꿀 수 있는 것은 나 자신뿐이라는 사실이다. 다른 사람을 탓한들 아무 도움이 되지 않는다. 잘 살기 위해서는 내가 먼저 변해야 한다. 무의식적으로 하는 일을 의식적으로 만들고 치유할 때까지 우리가 붙잡고 있는 고통스럽고 부정적이고 감정적인 신념은 계속 반복된다.

'딱 좋아'라고 느끼는 순간

자기 확신과 자기애, 안정감이 부족하면 삶의 모든 부분을 통제하려고 든다. 다른 사람에게 인정받고 사랑받으면서 내 안의 공허함을 채우고 싶어 한다. 그래야 삶에 만족할 수 있다고 여긴다. 하지만 우리가 삶에서 통제할 수 있는 것은 자신뿐이다. 우리는 생각보다 자신을 훨씬 더 잘 통제할 수 있다. 삶은 무작위로 벌어지는 사건의 연속이 아니다. 우리가 누구인지, 무엇을 믿는지, 시간이 됐든 돈이 됐든 에너지가 됐든 무엇을 기꺼이 희생하려 하는지에 따라 삶의 모습이 만들어진다.

과거와 어린 시절에 고통받았던 상처에 더 빠져들수록 모든 물질적인 것과 전형적인 성공을 얻거나 더 나은 사람이 되려고 끊임없이 노력할 필요 없다고 선언했다. 더 이상 사랑과 인정을 받기 위해 연기하지 않겠다고 다짐하자 놀라울 정도로 마음이 안정되었다.

진짜 버려야 할 것은 자신을 제한하는 모든 신념과 어린 시절의 트라우마, 그리고 충분하지 않다고 말하는 모든 사고방식이었다. 천천히, 충분한 열망과 자기애를 가지고 노력하면 충분함에 이를 수 있다.

진짜 과제는 내 안의 무너진 부분, 마음 깊숙이 숨겨져 있고 간절히 사랑을 바라던 부분을 치유하는 것이었다.

내 삶에 만족하기 위해 필요한 것은 단 하나, 나 혼자로도 충분하다는 생각이다. 자신이 충분하다고 받아들이고, 자신만의 충분함을 정의하고, 이 사고방식을 중심으로 라이프스타일을 구성하려면 삶의 균형이 필요하다.

저마다 충분함의 기준이 다르고, 시간이 지나면서 변할 수 있다. 누군가에게 충분함이 다른 사람에게 버겁게 느껴질 수 있다. 지금 느끼는 충분함이 내년에는 부족하게 느껴질지 모른다. 만능 공식은 없다. 우리는 자신만의 공식을 찾아야 한다.

직감과 자기애는 언제 삶의 균형을 찾을 수 있는지 아는 데 도움이 된다. 어쩌면 인생에서 예상치 못한 일을 겪고 다시 한 번 삶의 균형을 찾아야 할지도 모른다. 중요한 것은 나만의 길을 만들고 사랑하겠다는 용기를 가지고 조심스럽게 의도적으로 살아가는 것이다. 나에게 도움되지 않는 모든 것을 정리하는 것은 나에게 줄 수 있는 가장 큰 선물이다.

내가 꿈꾸는 성공, 행복, 만족감을 달성하는 데 필요한 것은 내가 생각하는 것보다 훨씬 적다. 스스로 채울 수 있는 공허함을 끊임없이 외부에서 채우려고 노력할 필요 없다. 적게 원하고 단순함을 즐기고 자신을 받아들이면 자유로워진다.

내 마음에
산소 공급하기

우선 나 자신이 충분하다고 생각해야 한다. 이 점을 받아들이고 실천하면 더욱 의도적이고 의미 있는 삶을 만들어갈 수 있다. 나 자신이 충분하다고 생각하면 더 이상 무언가를 증명할 필요 없고, 돈이 얼마나 있어야 진정으로 행복할지, 삶의 목적을 이루기 위해 어떤 직업을 가져야 할지, 얼마만큼의 물건을 가져야 할지 알 수 있다.

나의 가치를 확실히 세우고 글로 적어서 매일 마음속에 간직한다. 나의 가치가 무엇인지 알면 그에 따라 살아가는 방식이 적절한지 알 수 있다.

물리적으로, 감정적으로 자신에게 도움되지 않는 것은 정리한다. 정리하는 과정은 간단하다. 부엌에 있는 나무 주걱과 같은 물건부터 친구를 포함한 사람이나 당신이 짊어지고 있는 걱정 등 삶의 일부를 분리해서 당신에게 어떤 가치가 있는지 판단한 후에 계속 가지고 있을지 버릴지 결정한다. 다른 모든 일과 마찬가지로 어떤 것은 다른 것보다 정리하기 쉽다. 하지만 모든 과정이 가치 있고 풍성하고 의미 있다.

자신이 가진 모든 것을 포용하자. 나만의 특별한 개성은 어딘가와 어울리고 소속되고 싶어 하는 원초적 욕구와 어긋나기 때문에 매우 불편하게 느껴질 수 있다. 그러나 다른 사람과 같아진다고 해서 만족감이 생기지는 않는다. 우리 모두는 다른 사람에게 없는 나만의 특별함을 가지고 있다. 따라서 그것을 꽃피워야 한다.

삶에서 성취한 것, 사는 집 평수, 입고 있는 옷 브랜드가 아니라 나라는 존재 자체로 특별하다. 유일하고 가치 있는 존재가 되기 위해 뭔가를 할 필요 없다. 그저 존재하고, 숨 쉬고, 또 하루를 살아가는 것으로 충분하다. 행복하든 아파하든, 사랑이 넘치든 상처받든, 승리하든 패배하든 나라는 것은 변함없다.

나의 가치는 내 안에서 나오기 때문에 그것만으로도 나는 가치 있는 존재다. 나는 다른 사람들이 바라보는 것보다, 내가 생각하는 것보다 훨씬 가치 있는 사람이다. 다른 사람들이 나를 움츠러들게 한다 해도 나는 이미 충분한 존재다. 부족하거나 완벽하지 않다고 해서 자책할 필요 없다.

부족함과 불완전함도 나의 일부이다. 나의 연약한 부분도 다른 부분만큼 공감과 인정이 필요하다. 다른 사람을 사랑하듯 나 자신을 사랑하면 내가 얼마나 용기 있고 강하고 가치 있는 존재인지 알 수 있다. 마땅히 누려야 하는 것을 누리기 위해 인내심을 가지고 자신을 조심스럽고 상냥하게 대해야 한다.

직감에 따라 살아가는 연습

직감에 따라 사는 삶에는 결승선이 없다. 직감에 귀 기울이는 방법을 배우는 것은 시작일 뿐, 자신을 신뢰하고 직감에 따라 행동에 옮겨야 한다. 때로는 힘든 날도 있다. 몇 걸음 나아가면 몇 걸음 뒤처지는 날도 있다. 가끔은 허리케인처럼 힘든 일이 닥쳐서 모든 것을 찢어버릴 때도 있다. 따라서 직감에 따라 살아가는 연습은 매일 계속해야 한다.

가끔 일부러 느리게 살아보기

속도를 늦추면 우리가 만끽할 수 있는 시간과 공간을 얻을 수 있다. 어디에든 느리게 사는 삶의 방식을 적용할 수 있다. 느리게 읽기, 느리게 사업하기, 느리게 정리하기, 느리게 장식하기 등 셀 수 없이 많다. 계획, 일, 또는 라이프스타일까지 천천히 몰두하는 것을 두려워하지 말자. 속도를 늦추면 감각이 살아나고, 작은 것에 감사할 수 있으며, 시간이 늘어난 것 같은 기분이 든다. 느림은 나에게 주는 선물이다.

나이 드는 것을 받아들인다

인간이어서 좋은 점은 항상 변한다는 것이다. 우리는 태어난 순간부터 죽는 순간까지 끊임없이 변한다. 이 과정은 삶의 일부다. 변화에 저항하지 말자. 우리가 원하든 원하지 않든 변화는 찾아오고, 변화의 흐름에 따라 예전의 모습을 벗고 새로운 모습이 되는 것은 당연하다.

다양한 라이프스타일을 경험해본다

일이 잘되는 때가 있는가 하면 잘되지 않는 때도 있으며, 변화가 필요한 때도 있다. 이 모두가 지극히 정상이다. 당신에게 도움되는 것은 취하고 도움되지 않는 것은 버리자. 우리 모두 고유한 특성을 가지고 있다. 나만의 방식이 나에게 잘 맞는 유일한 방식임을 받아들이자.

나만의 충분함을 찾아라

가능한 적게 소유하는 것이 당신에게 기쁨을 주지 않는다면 아무 의미가 없다. 적절한 양의 물건을 가지고 살면서 항상 기쁨을 느끼는 것이 목표이다. 당신이 생각하는 충분함과 다른 사람의 충분함이 다르다. 중요한 것은 당신에게 어울리는 것이 무엇인지 찾아내고 받아들이는 것이다. 연봉 3천만 원이면 살아가는 데 꼭 필요한 것을 얼마든지 사면서, 훨씬 적게 일하고 좋아하는 일을 할 수 있다. 당신에게 충분한 액수는 이보다 훨씬 적을 수도 있고 훨씬 많을 수도 있다. 옳고 그름은 없고 당신에게 가장 잘 맞는 것만 있다.

마음을 충분히 쉬게 하라

자신에게 진실하고 깊이 공감할수록 삶의 모든 측면에서 요구 사항이 줄어들고, 자신에게 필요한 것을 줄 수 있다. 내가 산소마스크를 먼저 써야 다른 사람에게 산소마스크를 씌워줄 수 있다. 우리는 사랑하는 친구나 아이를 대할 때의 존경심과 배려심을 가지고 자신을 대해야 한다. 다른 사람들의 요구에 무조건 응하면 나 자신이 지치게 마련이다. 원하지 않는 초대는 거절하고 혼자 쉬면서 맛있는 음식을 먹어야 할 때가 있다. 가게에 들어가서 다 둘러보지 않고 원하는 것만 살 수 있어야 한다. 우리는 자신이 생각하는 것보다 많은 능력을 갖추고 있다. 자신에게 필요한 사랑과 애정을 충족하고, 자신감, 자존감, 행복감을 높일 수 있다.

기대치를 낮추자

낮은 기대치야말로 만족감을 얻는 비결이다. 기대치가 낮을수록 실망할 확률도 낮다. 생일에 아무것도 기대하지 않으면, 카드 한 장만 받아도 기분 좋은 깜짝 선물이 된다. 물론 어느 정도 균형이 있어야 하고, 특히 자신에 대한 기대치는 더욱 균형 잡혀 있어야 한다. 자신에게 약간의 여유를 주는 것과 아예 시도조차 하지 않는 것에는 극명한 차이가 있다.

지금 이대로 충분하다

자신이 충분하다고 생각하면 다른 사람에게 아무것도 증명할 필요 없다. 물질적으로 아무리 풍족하다고 해도 나 자신을 더 가치 있고 사랑스럽게 만들지 못한다. 우리는 이미 있는 모습 그대로 충분하다.

이것은 단순한 문제가 아니다. 우리에게 충분함이 어떤 것인지 알고 나서 충분함을 누리는 연습을 해야 한다. 여러 번 넘어지겠지만 다시 제자리를 찾아 계속 연습해야 한다. 결국 우리는 자신을 지탱하는 데 필요한 근육을 키우면서 넘어지는 횟수는 줄어들겠지만, 넘어질 가능성은 늘 있다. 절제를 잃고, 상황이 변하고, 무너지는 때도 있다. 그래도 계속해야 한다.

넘어지는 것은 삶의 일부이고, 넘어져도 괜찮다. 모두 정상적인 일이다. 삶은 선택의 갈림길과 버리는 것의 연속이지만, 우리가 충분하다는 믿음을 가지고 길을 찾아가면 훨씬 더 만족스러운 여행을 하게 된다. 하루하루 우아하게, 그리고 무엇보다 사랑으로 조심스럽게 나아가는 더욱 단순하고 의미 있는 여정이 될 것이다.

이 책이 당신에게도 모험이었길 바란다. 아니면 적어도 당신이 모험을 떠나는 데 필요한 것을 얻었기를 바란다. 자신만의 산에 오르는 동안 안내와 도움, 동기부여가 필요할 때마다 열어볼 수 있는 배낭이기를 바란다.

당신이 자신에 대해 많이 알게 되었고, 계속 알아가길 바란다. 또한 내가 공유한 여정이 삶을 바라보는 새로운 관점을 제시했기를 기대한다. 당신이 크고 작은 긍정적인 변화를 만들었기를 바라고, 앞으로도 계속 변화해나가길 기대한다.

나에게
손 편지 쓰기

   내가 원하는 삶을 선택하려면 반드시 나부터 사랑해야 한다. 내가 마땅히 누려야 하는 삶을 살고 싶은 마음은 나를 사랑하는 것에서 시작된다.

   내 안의 비평가가 나는 충분히 훌륭하지 않고, 사람들이 나를 싫어하고, 내가 꿈을 이룰 수 없을 거라고 속삭인다면, 그 비평가에게 사랑을 나눠주자. 이 목소리가 두렵고, 소리 지르며 싸우고 싶겠지만, 이 목소리를 고통이라고 생각하면 얘기가 달라진다.

   마치 친한 친구에게 편지 쓰듯 나에게 편지를 쓰고 나에게 사랑을 표현해보자. 그리고 얼마나 기분 좋은지 살펴보자.

   나를 사랑하는 연습을 하기 위해 마음, 몸, 영혼을 키우는 방법을 적어보자. 무엇을 해야 할지 모르겠다면 그냥 마음이 끌리는 것이나 어릴 때 즐겨 하던 것을 해본다. 나는 그림 그리기, 일기 쓰기, 요가, 영양가 있는 음식 만들기, 나를 사랑하는 사람들과 시간 보내기를 좋아한다.

매일 아침이나 저녁에 감사한 내용을 적어보자. 3~5개 정도가 좋다. 자랑스러운 일이나 자신의 긍정적인 면에 집중해서 가능한 구체적으로 쓴다.

NOTES

_____

_____

_____

_____

_____

_____

_____

_____

_____

_____

_____

_____

_____

_____

감사의 글

나를 지지해주고, 항상 인내해준 엄마에게 감사합니다. 엄마는 내 날개 아래 부는 바람입니다. 다른 사람들이 뭐라고 생각하든 나를 있는 그대로 이 세상에 드러낼 수 있도록 영감을 준 언니 고마워. 아무도 언니처럼 할 수 없을 거야.

이 책을 쓸 수 있도록 그 모든 카페에 태워다 주고, 할 수 있다는 자신감을 주고, 글 쓰는 동안 에너지 보충을 위해 필요한 과자와 다이어트 콜라, 비건 샌드위치를 계속 사다준 아빠에게 감사합니다.

왓킨스 출판사(Watkins Publishing)의 엘라 채펠(Ella Chappell)과 모든 직원들께 무한히 감사드립니다. 처음부터 믿어주신 덕분에 이 책이 세상에 나올 수 있었습니다.

무엇보다 나를 팔로해주고 브이로그를 봐주고 내 소식지를 구독해주는 모든 분들께 감사드립니다. 격려해주고 응원해주어서 내 삶이 변하고 꿈을 이룰 수 있었습니다. 사랑합니다.

나를 지치게 하는 것들과 작별하는

심플 라이프

초판 1쇄 발행 | 2023년 06월 15일
초판 4쇄 발행 | 2023년 08월 05일

지은이 | 제시카 로즈 윌리엄스
옮긴이 | 윤효원
펴낸이 | 정서윤

편집 | 추지영
디자인 | 지 윤
마케팅 | 신용천
물류 | 책글터

펴낸곳 | 밀리언서재
등록 | 2020. 3.10 제2020-000064호
주소 | 서울시 마포구 동교로 75
전화 | 02-332-3130
팩스 | 02-3141-4347
전자우편 | million0313@naver.com
블로그 | https://blog.naver.com/millionbook03
인스타그램 | https://www.instagram.com/millionpublisher_/

ISBN 979-11-91777-34-5 03190

값 · 17,500원